JN093930

9割の買い物は不要である

行動経済学でわかる「得する人・損する人」

マーケティング＆ブランディングディレクター
橋本之克
Yukikatsu Hashimoto

はじめに

「経済」という言葉の語源は、「世の中を治め、人民を救う」ことを意味する経世済民（もしくは経国済民）です。

現在、日本は経済成長の低迷期とされ、さまざまな政策が検討、実行されています。

しかし、労働者の実質賃金が下落して、生活水準は下がり、家計の消費意欲は減退し続けています。景気動向などの経済指標が上向くことはあっても、一般消費者の消費マインドは低いままです。つまり、経世済民は実現されていません。

目指すべき〝経済が活性化された状態〟においては、消費者は活発に消費していることでしょう。企業は利益をあげ、労働者の賃金にも反映されているはずです。あらゆる人や企業が豊かに、幸せになる状態と言っていいでしょう。

大事なのは、人々がお金を使うことだと言われます。

ではなぜ今、人々は消費をしないのでしょうか。

私は社会に出てから30年以上、マーケティングの仕事に携（たずさ）わってきました。

主に一般消費者向けに、あらゆる業種の企業、官公庁や自治体などが商品やサービスを売る手伝いをしてきました。

販売不振の企業と、消費意欲を喚起できない政府の失敗には、ある共通点があります。それは、買い手（国民、または消費者）との「関係作り」がうまくいっていないことです。

買い手は、補助や減税などで手元のお金が増えれば、お金を使うとは限りません。また、広告であおれば、モノやサービスを買うわけではありません。

国や企業などの相手を信頼し、お金を使うことへの不安や抵抗感がなくなり、買うことへの期待が高まらなければ、行動は鈍いままなのです。

このような買い手の心理を考えていないことが、失敗の根本的な原因です。

消費の活発化であれ、販売の促進であれ、買い手の行動をうながす心的な後押しから、行動を妨げる心的要因の払拭まで、丁寧な対応が必要なのです。

この認識が浸透し、買い手と企業や政府のあいだにいい関係ができれば、経済の活性化という国家的課題の解決にもつながると、私は考えています。

さて、本書は「よりよい買い物」の本です。

私が「買い物」にこだわる理由は、それが経済の活性化につながる、という理由だけではありません。モノやサービスの売り買いの現場を、30年以上見続けてきて「買い物は人を幸せにする」と確信しているからです。買い物は、単にお金を払って品物やサービスを得るだけのものではないのです。

米国コロンビア大学の行動経済学者シーナ・アイエンガーは、自著で「選択は創造的なプロセスであり、選択を通じて人は環境を、人生を、自分自身を築いていく」と述べています。買い物においても、この言葉は当てはまります。なぜなら買い物は、数ある商品やサービスの中から、何を買うか、いくら払うか、用途はどうするか、選択していくことだからです。

人は、自分で選んだ物やサービスを使い、それらに囲まれて暮らすことで、自分自身の人生を豊かで充実したものにすることができます。買い物は、自分自身の幸せにつながる前向きな行動であり、真剣に取り組むべきものだと考えています。

この本は、こうした買い手の方々のために書かれています。

買い物という活動を、買い手はもちろん、関わるすべての人にとって、よりよいものにすることを目指しています。

現在の買い物には、さまざまな問題があります。買い手にとって必要な情報が得られず、不利な取引を強いられることがあります。また、個人情報を占有して独占的に利益をあげる企業もあります。巧妙なだましの手口で売り込む商法も見られます。

その一方で、正直な商売に、地道に取り組む売り手は圧迫されています。近年のトピックであるデジタル技術の進歩も、こういった状況の改善に役立つとは限りません。時には不正な取引の手段となるケースも見られます。

しかし、こういった状況を生んだ原因の一つは、買い手自身が、自分の心理をよく知らないこと、とくに自分自身の「心理的な弱点」を知らないことだと私は思っています。

たしかに売り手は、モノやサービスの見せ方、価格の示し方、ネットでの広告表示などによって、物欲を刺激し、購買意欲を高めようとします。しかし、そうした売り手の狙い通りに行動してしまうのは、買い手の弱さです。

また、習慣に流された買い物や、楽をしたいがための軽率な買い物もあります。これらを正せないのは、買い手の知識不足が原因です。

これらの結果、買い物は幸せにつながらず、不満が残るものになりかねません。

買い手は、買い物の失敗を避けるために、売り手の企みを見抜くことはもちろん、自分の心理に関する知識を持つ必要があります。ただ、誰かに救われるのを待つだけではなく、自主的に、積極的に自らの暮らしを築き、守るべきだと思います。

「よりよい買い物」をおこなうための武器として、本書では「行動経済学」という学問を用意しました。これは人間心理を把握し、よりよい行動につなげるために有効な学問です。

簡単に言うと、心理学の要素を取り入れた新しい経済学の分野で、近年では、ノーベル経済学賞の受賞者を多数輩出するなど認められ、注目されています。

その発見の一例として、2002年にノーベル経済学賞を受賞したダニエル・カーネマンらが解明した、人が損を避けようと強く望む「損失回避」の心理があります。

これにより人は、目前の利益にこだわって、むやみに現状を維持しようと試み、損を取り戻そうと不要なリスクを冒します。結果的に、長期的な得を得られずに終わるのです。この心理を自覚するだけで、うまくお金を使い、よりよい買い物ができるようになります。

本書では、行動経済学の理論をわかりやすく紹介しています。人間心理の弱点を丁寧に解説し、悪い買い方や、いい買い方を例示しました。極力、具体的に取るべき行動まで提案しています。ぜひ、暮らしの中で実践してみてください。

この本を通じて、一人でも多くの人が、いい買い物をしていただけることを、心から祈っています。

はじめに……3

第1章 ネットの買い物で失敗しないコツとは？

～便利そうで意外と不便？　リアルより得するおススメの買い方

ネット情報を見すぎると損することがある……18
脳の疲労はネットからの情報収集が原因？
どれだけネットを見続けても情報不足に陥る
「確証バイアス」で都合のいい情報だけを集める
キリがない！　情報収集にかける時間は区切ろう
「気に入らなかったら返品無料」にだまされない……27
カリスマ店員からインフルエンサーへ
「無料」という言葉が持つインパクト
「保有効果」により手放すことが惜しくなる
「返報性の原理」で返品を申し訳なく思う

アマゾンのプライム・ワードローブに見る「新しい買い物」

即ポチとは「一瞬で買わされている」ということ …… 36
お金を安く感じる「メンタル・アカウンティング」
「買い物しよう」という意識さえない
不都合な情報をスルーする「確証バイアス」
即ポチする前の「一呼吸」で冷静になれる

その定期購入、じつは大いなるムダでは？ …… 45
「ここでやめたらもったいない！」と思う心理
売り手の〝全力〟かつ〝丁寧すぎる〟フォロー
今やダイレクトマーケティングはテレビでも常識
「損失回避」と「保有効果」で買い手を惑わす
初回無料からの「現状維持バイアス」で結果カモに
売り手の都合で買い続けていないかを考えよう

有名人のおススメや食べログの星を盲信しない …… 55
ネット・クチコミは量も種類も増え続けている
「ウィンザー効果」「ハロー効果」が判断を狂わす

「バンドワゴン効果」で多数派に乗りたくなる
芸能人のクチコミだからって簡単に信じない

メルカリで損しないため、楽しく使うために …… 64

「ブレークイーブン効果」で含み損を過大評価する
買い手には掘り出し物を探す楽しさが魅力になる
リユースと副業・ギグワークのニーズを満たす
「転売ヤー」を規制するか否かは運営者次第
ノジマの取り組みに見る「パーパス」の重要性
見られているように感じるだけで不正は減る
「ナッジ」が不正転売の抑止力になる
買い手が「いい売り場づくり」に貢献できる

使い放題のサブスクは、お金の支払い放題でもある …… 80

「手間がかからない楽」に潜む落とし穴
「サンクコスト効果」と「認知的不協和」の影響
「安さ」に惹かれず、「支払っている」認識を持つ
支払い状況は紙でチェックしよう
どんなときにサブスクを利用するべきか

売り手が「払い放題」を放置しないメリットとは？

第2章 「損したくない」という人ほど損している
～「損した」と思うと、その2倍は「得した」気分が必要になる

セール時のまとめ買いは本当に得なのか？ …… 94
お得なはずの「まとめ買い」で損していることも
損することを恐れて、まとめ買いしすぎてしまう
「損失回避」から「買わなきゃ損」と思わされる

「安いから」で買うことが、そもそもおかしい …… 102
買うか否か迷っているだけで「損失回避」が働く
「安さ」を演出されて売り手の罠に陥る？
「安かろう悪かろう」の決めつけも無理がある
値段を購入のメイン基準にするべきではない
自分に必要か、合っているかで決めよう

「ついでにこれも」ではもう買わない！ …… 112

「感応度逓減性」によって人は変化に慣れる
新たな損には厳しくても「ついで」では許せる
「お得感」を細かく分けて買わされている？
損得をまとめるか分けるか、状況に応じて判断

「食べられないブドウ」は酸っぱいに違いない …… 122
なぜすでに買った商品のことを調べるのか？
「認知的不協和」を強引に解消したキツネ
「自分へのご褒美」も認知的不協和の影響
購入後に失敗に気づいても認められない心理
「一貫性の原理」を活用する営業マンのやり口
認知的不協和の不快感は今後につながるアラート

衝動買いして結果的に得することはあるか？ …… 133
今すぐ欲しいという心理に働く「時間割引率」
衝動買いを防ぎたい人は時間割引率を意識して
そもそも衝動買いは悪いことなのか？
買い物のプロセスをコントロールしよう
「AIDMA理論」を活用して買い物の質を上げる

酒も煙草もムダではない。本当のムダとは…… 144
「酒や煙草は健康とお金のムダ」は本当か
酒や煙草をやめればいい、わけではない
「習慣的な買い物」は散財につながる

第3章 買い物での選択で間違えないポイント

～「どうしようかな？」と迷ったときに頼れるエビデンス

ポイントカードは作るべき？ 作らなくていい？ 152
ポイントカードは割引には勝てない
なぜ「同じ10％割引だ」と思ってしまうのか？
ポイントを貯めることより崇高な目的がある
選択肢を広げすぎるとわが首を絞める 160
マクドナルドも「決定麻痺」の罠にハマった
貧しい理由は「決断疲れ」も一因？
最終的には直感にしたがうのもアリ
選択肢を減らし、選択する回数も減らす

「仕掛けられた三択」で望まぬ買い物をしている …… 169
「3」がマジックナンバーと呼ばれる所以
「極端回避性」により人は中間を選んでしまう
売り手任せではなく自分で選択肢を作ろう
ネットを活用して「自分のための選択肢」を作る
大事なものは値段よりも「時間」と「労力」

生活必需品の買いだめは正しい？　正しくない？ …… 178
繰り返されたトイレットペーパーの買いだめ騒ぎ
人が単純な誘惑に負けるのはどんなとき？
「後悔の回避」を求めて積極的に動いてしまう
買いだめするべきではない重大な理由とは？
買えない不安よりも他者を思う気持ちを考えて

第4章 絶対に後悔したくない「大きい買い物」

～家、保険、ギャンブル……大金が動くときに使える知識

それでも本当にマイホームが欲しいですか？ …… 188

「いい家」を買うことを難しくさせる「経路依存症」
なぜ新築より中古住宅のほうがいいのか？
「イケア効果」で自分だけの家に住める
古い習慣や常識に流されやすい4つの理由
「いい家」に住みたい人が確認すべき3つの条件

「いつ、どんな物件を買えば得するか」を検討する …… 202
耐久消費財は自分のスタイルに合わせて買う
54年後の将来まで考えて家を買っているか？
「投影バイアス」「解釈レベル理論」による影響
家の売り手は刹那的な商習慣を保っている
そもそも本当にあなたは家が欲しいですか？

住宅ローンによる損失額を正しく把握する …… 214
住宅ローンはサラ金と一緒？
貯金するより住宅ローンのほうが家は買える
返済額より借入額を見て判断するリスク
「計画錯誤」により甘い見積もりをしてしまう
行動経済学の知識を活用してリスク軽減を

保険に入りすぎて節約できないのは「保険文脈」のせい 225
「確実性効果」が保険の加入率を上げている
なぜ保険という商品はわかりにくいのか?
生命保険の比較的「いい買い方」とは?
最良のライフプランナーを見つけるために

ギャンブルも宝くじも大金を使うに値しない 236
多くの人がギャンブルや宝くじを見誤っている
「感情ヒューリスティック」「比率バイアス」の悪影響
「確実性効果」がギャンブルや宝くじに走らせる?
「コントロール幻想」で自信過剰になってしまう
競馬や競艇は「イケア効果」でハマりやすい
「ツァイガルニク効果」でやめられなくなる
せっかく勝ってもムダになる「ハウスマネー効果」

おわりに 249
参考資料・書籍 251

第1章

ネットの買い物で失敗しないコツとは？

～便利そうで意外と不便？　リアルより得するおススメの買い方

ネット情報を見すぎると損することがある

脳の疲労はネットからの情報収集が原因？

今や、買い物の際にネットで情報収集するのは常識と言っていいでしょう。もちろん、店頭で実物を見る、店員に話を聞くなどで得られる情報もあります。ただし、その情報量には限界があります。

ネットならば、すでに購入した人の評点やレビュー、専門家の批評、細かい機能や特徴など、多様な情報が得られます。事前に商品について正確に把握すれば、よりよい買い物が可能になるのです。

買い物のみならず、ネットからの情報収集は、今や生活のあらゆる場面において不可欠です。いつでもどこでも入手できる便利さや情報量の多さによって、生活のインフラになったと考えていいでしょう。

振り返れば過去に、ネットを通じた情報収集を表す言葉として、「ネットサーフィン」というものがありました。興味のおもむくままにＷｅｂサイトを次々と閲覧（えつらん）する行動を、果てしなく広がる海の上を滑るように進むサーフィンになぞらえたのです。

この言葉は、インターネットが普及し始めた１９９０年代に流行したものです。

しかし、この楽しさや爽快感を醸（かも）し出すポジティブな言葉は、すでに死語になったと言われます。

現代ではネット上の情報が膨大な量となり、便利さが増す一方、必要な情報を選び出すことが難しくなってしまいました。情報の海を軽快にサーフィンするのでなく、むしろ、情報の波におぼれかけてしまう人が増えてきたようです。

また、ネットの技術や普及のスピードが速く、急激に浸透したこともあり、セキュリティなどの未整備な部分が残されています。ゆえに、利用の仕方は難しくなっています。

たとえば「ネット依存症」の問題です。ネットを利用する時間を自分でコントロールできない、利用を控えようとするとイライラする、家族や友人との人間関係が損なわれる、仕事や勉強がおろそかになる、などの症状を訴える人が増えてきたのです。**脳科学者からは、Ｗｅｂサイトを見る行為自体が脳を刺激し、やめられなくなる危険があると指摘されています。**脳内で分泌（ぶんぴつ）されるドーパミンという、動機づけ、快感などと関わりの深い神経伝達物質が影響するのです。

多種多様なＷｅｂサイトの情報を目にすることは、脳にとって新鮮な刺激です。これらに注意を引かれて、刺激を繰り返し受けるとドーパミンの分泌がうながされます。

さまざまな色やデザインで工夫され、興味深いコンテンツが含まれるＷｅｂサイトを繰り返し見るうちに、以前の分泌量では満足できず、より強い刺激を求めるようになるのです。これは、ギャンブルや薬物の依存症などとまったく同じ仕組みです。

この状態で、さらにＷｅｂサイトを見続けると、脳がダメージを受け、脳が過労状態となります。視覚・聴覚・嗅覚・味覚・触覚の五感からの情報は、脳内の前頭葉（ぜんとうよう）と呼ばれる場所で取捨選択され、整理されますが、**情報が多すぎると処理しきれずに、未整理の混乱状態になる**のです。

すると脳内で、思考や意思決定、記憶や感情を司（つかさ）どる前頭前野の機能が低下します。そして、単純なミスが増える、物覚えが悪くなる、イライラして怒りっぽくなる、意欲や興味がわかないなどの問題が生まれてしまうのです。

どれだけネットを見続けても情報不足に陥る

買い物での利用にとどまらず、デジタル機器によるＷｅｂサイトの閲覧は、その刺激によって依存症をもたらす危険性があります。便利な情報収集の方法であるけれど、注意が必要です。

とはいえ、買い物においては、情報収集からネット通販での買い物まで、ネット利用は増える一方です。たとえば楽天やアマゾンなどのネット通販サイトで商品を検索すれば、価格はもちろん、機能や特徴まで確認でき、購入者のレビューを読み、その後にすぐ購入することができます。

こういった利便性の高さによって、米国などではアマゾンがさまざまな業界で、既存の小売業のシェアを奪う「アマゾン・エフェクト」などの現象も起こっています。さらに、新型コロナウイルスの影響でリアルな店舗が、営業活動を自粛せざるを得ない状況もあって、ネットの影響力は高まっています。

Ｗｅｂを用いた、買い物の情報収集も頻繁（ひんぱん）におこなわれるようになりました。しかし、そこで新たな問題が生まれています。情報量が多すぎることです。

多数のＷｅｂサイトを見続けたにもかかわらず、買い物する商品に関する必要な情報が得られない、買うかどうかの判断を下せないという状況が、しばしば起こります。情報の量が多すぎて、本当に必要な情報が探し当てられないのです。

そのため、多くのＷｅｂサイトにアクセスします。そのうちに脳が大量の刺激を受け、やめられなくなるのです。**買い物の情報収集が目的なのに、いつのまにかＷｅｂサイトを見続けることが目的のようになり、ただただ見続けます。そして、脳は過労状態になってしまうのです。**

実際にＷｅｂサイトで情報収集している最中は、脳の疲労を感じにくく、漠然と集中した気がします。しかし、じつは脳内のドーパミンが気分に影響しているだけで、必ずしも有用な情報が収集できていないことが多いのです。

こうして、時間をかけたにもかかわらず、情報は不足したままという結果に終わります。買う決断もできません。

すると、あらためて次の機会にまたＷｅｂサイトを見ることになります。その結果、パソコンやスマホに向かう時間だけが増えていくといった状態になるのです。

「確証バイアス」で都合のいい情報だけを集める

Web情報が氾濫(はんらん)する状況では、買い物に役立つ情報が欲しいと思いながらも、Webの情報が多すぎて探しきれないという「板挟み」状態に陥ります。

この状況で情報選択をおこなう際、最も気をつけるべきは「自分に都合のいい情報だけを選んで参考にする」という行動です。

行動経済学では、このような傾向を「確証バイアス」と呼びます。

バイアスとは、人の思考や判断に特定のかたよりをもたらす要因です。確証バイアスとは、自分にとって都合のいい情報ばかりを無意識に集めてしまい、それに反する情報を集めようとしなかったり、無視したりする行動です。

典型的かつ身近な例として血液型があります。

たとえば、「A型は几帳面だ」という先入観がある人は、几帳面なA型の人に接しても疑問を持ちません。逆に、ずぼらなA型の人に接すると、例外的なA型だと判断するでしょう。自分の思い込みに合う情報ばかりを重視してしまうのです。

買い物においても、買うべきか買うのをやめるべきか、判断するための情報をネットでチェックしているようで、よく考えると「すでに買うことを決めていて、買う理由を探している」といったことがあります。

似たケースに「自分がすでに買った商品の評判を検索して調べる」人もいます。

これらの行動は、一度買ったものを手放したり、買い換えたりするためのものではありません。自分の選択が正しかったことを確認するための行動なのです。**このときも、買ったことが失敗だったとわかる情報よりも、その商品がよく評価されている情報を積極的に受け入れます。**

買い物をする際に、膨大な情報をすべて網羅（もうら）して判断することは無理ですから、そもそも情報収集時点でかたよりが生まれる可能性はあります。その状況はコントロールできません。

しかし、情報の取捨選択時に確証バイアスを避けることは可能です。その影響を無意識のうちに受ける可能性を、自分で認識しておけばいいのです。

キリがない！　情報収集にかける時間は区切ろう

さて、ここまで買い物におけるネット情報収集の注意点を二つ取り上げました。

一つは、ネット依存状態での情報収集は避けること。もう一つは、確証バイアスによって、都合のいい情報にかたよった収集をしないことです。これらに留意すれば、有用な情報を得ることができ、よりよい買い物が可能になるでしょう。

さらに、情報収集をスムーズにおこなうためには、自分なりに常日頃から、チェックするべきWebサイトの目星をつけておくといった準備をすることも有効です。大量のWebサイトからの情報を効率的に取捨選択するのです。

これらと合わせて、認識していただきたいことがあります。買い物の手法以上に重要な大前提です。それは**「人は完璧な買い物などできない」**という認識です。

まず、買い物に必要な情報収集とは、どんなものでしょう。買うべき商品やブランド、自分に合うタイプやサイズなどを絞り込む必要があります。

さらに、その商品を販売しているECサイトなどをすべてチェックし、在庫の有無、それぞれの定価と値引き後の価格、付与されるポイント、キャンペーンの特典、送料などを、すべてチェックする必要があります。

どこで買うのがいちばん得するかを選択することは、理屈上は可能です。

しかし、そのためには膨大な時間がかかりますし、調べきれず翌日に持ち越した瞬間に、販売条件が変わるといった可能性もあります。したがって、完璧な情報収集は不可能なのです。

ならば自分自身で、情報収集にどれだけの労力や時間をかけるか決めなければなりません。**「これ以上の時間をかけるより、ほかのことに時間を使おう」といった割り切りが必要です。**

どこまで情報を収集できるかは、個人の状況によって異なるでしょう。自分で意識して範囲を決め、納得すれば、それでいいのです。自分でプロセスをコントロールするのであれば、その結果は決して「ダメな買い物」ではありません。

損しないポイント

何事もほどよく。調べすぎも全然調べないのも要注意

「気に入らなかったら返品無料」にだまされない

カリスマ店員からインフルエンサーへ

一般人でありながら、一挙手一投足や姿が影響を与える「インフルエンサー」は、世の中のトレンド作りにおいて、大きな影響力を持っています。こうした存在の源流と呼べるのは、２０００年ごろに一世を風靡（ふうび）した「カリスマ店員」ではないでしょうか。

「カリスマ」という言葉は、１９９９年の「新語・流行語大賞」トップ10にランキングされました。当時は、渋谷１０９が若い女性における流行の発信地でした。テナントの「エゴイスト」「ココルル」「ミジェーン」などの人気ブランドの店舗では、カリスマ店員が自分たちのブランドを着こなしてみせます。それらは飛ぶように売れました。

その後、メディアもショップも、アナログからデジタルにシフトしていきます。一つの番組や記事を誰もが見るマスメディアは衰退し、無数にあるネットの記事が、人々の主要な情報源となりました。リアルな店舗のシェアも、ネット通販に浸食されていくことになります。

この状況に輪をかけて、2020年には新型コロナウイルスが、買い物行動に影響を及ぼします。不要不急の外出に対する自粛が要請され、リアルな店舗に足を運びにくくなったことで、ネットを用いた買い物がさらに増えていくのです。

「無料」という言葉が持つインパクト

何かを買う際に、ネット通販は便利です。商品を選んで決済し、届くのを待てばいいのですから。しかしながら、洋服や靴など、微妙なサイズ合わせが必要な商品、色や風合いなどによって好みが分かれる商品は、購入前に商品を確認できないと不安なものです。

この不安を解消するためには「返品無料」のサービスは有用です。サイズが合わなかった商品などは、買い直すことができるのですから。通販のショップやサイトによっては、返送にかかる費用まで無料なところも増えてきました。

売り手にとってはコストのかかる仕組みですが、安心感を増すためには有効です。このサービスの大きな魅力は、その名の通り、商品を取り替え、送るための費用が「無料」である点です。

人の心理において「無料」が及ぼす影響は大きいものがあります。

米国デューク大学のダン・アリエリーは、この影響力を確かめる実験をおこなっています。通りに出したテーブルに、チョコレートを2種類並べて販売したのです。

一つは高級なトリュフのチョコレート、もう一つはごく普通のキスチョコです。高級チョコを定価の半額の15セントで、キスチョコを1セントで売ると、73％のお客は高級チョコを選びました。

次に、それぞれを1セントずつ値引きし、高級チョコを14セントで、キスチョコを無料で提供しました。すると、69％のお客が、無料のキスチョコを選んだのです。格安で食べられる高級チョコよりも、無料のチョコレートを選んだことになります。値下げの額も価格差も同じままなのに、結果は逆転しました。

このように「無料」はインパクトがあるのです。**したがって、買い物において返品が無料であることは、注目される要素の一つです。**

とはいえ、それは万一、商品が合わなかった場合の不安を解消してくれる仕組みです。積極的に商品を買う理由にはならないように思えます。

しかし、じつは「返品無料」は、買いたい気持ちにさせる仕組みでもあるのです。

「保有効果」により手放すことが惜しくなる

返品無料であれば、迷った商品を一度送ってもらうことが気軽にできます。商品が届いたら試着し、それを家族や知人にチェックしてもらうこともできます。

また、すでに持っている自分の洋服と合わせてみることも容易です。その結果、商品をあたかも自分の所有物のように実際に手に取り、検討する中で、徐々に愛着がわいてくるのです。**この愛着の強さは「保有効果」によるものと考えられます。**

これは、自分が保有する物に高い価値や愛着を感じ、手放したくないと感じる心理現象です。人は無意識に「手放すことを損」「手に入れることを得」ととらえるのです。

すると「損失回避」によって手放すことを避けます。それはすなわち、保有する物の価値を高く感じるということです（「損失回避」については第2章で詳しく説明します）。

この法則は、ノーベル経済学賞受賞者のリチャード・セイラーが、自身が籍を置く大学の教授の言動からヒントを得たと言われています。

その教授はワインを好み、収集していました。彼は、過去に自らが5ドルで買ったワインが１００ドル以上の値をつけても売り渋り、同じワインを追加で買う際には35ドルでもお金を出し渋ったそうです。

自分の手元にあるワインの価値を高く評価する彼の態度が、経済学の教授と思えないほど極端だったと言います。そして、その様子が「保有効果」の発見につながったのです。

教授の心の中では、ワインを売る場合の心理はどのようなものなのでしょうか。仮に、彼のワインの一般的な価格（＝価値）は１００ドルだったとしましょう。

もし、これを売るならば１００ドル得ることができ、喜びや満足を感じることでしょう。それと同時に１００ドルのワインを手放すことになり、悲しみや不満を感じます。数字上は、このワインと１００ドルのお金は同じ価値なので、問題なく交換できるはずです。

しかし損失回避が働くと、この取引で感じる喜びと悲しみの量は同じではありません。悲しみは喜びの2倍以上です。だから教授は、ワインの売り買いに消極的になるのです。

返品無料だからという理由で、とりあえず買う洋服や靴の場合でも、まったく同じような現象が起こります。

買うときは返品することを前提にしていたとしても、手元にあるあいだは自分の保有物です。無意識に愛着がわいてきます。面白いもので、取り寄せて手元に置くという自らの行動を通じて、自分自身の購買意欲を高めていることになるのです。

「返報性の原理」で返品を申し訳なく思う

では「返品無料」による買い物は「いい買い物」と言えるのでしょうか。

まず、自分が望むサイズやデザインの商品を確認したうえで買える点は、買い手にとっていい仕組みだと言えます。これは、売る側が返品されるリスクを負っているからこそ、成立するサービスです。ありがたく享受すればいいでしょう。

ただし、このとき買い手の心理に、返品が無料であることの影響力、保有効果が働く可能性を認識しておく必要があります。

さらには「返報性の原理」が働くかもしれません。この心理は、人が他人から何らかの施しを受けた際に、「お返しをしなければならない」「お返しをしなければ申し訳ない」などと考えてしまう心理作用です。

たとえば、スーパーで試食をした後に、なんとなく買わなければいけない気がするのは、返報性の原理によるものです。**この心理によって、返品無料にしてもらうのが申し訳ないから買おう、と考えてしまう可能性があります。**

「ダメな買い物」を避けるためには、自分の心理に影響する要因を把握しておく必要があります。そのうえで、気に入った商品や必要な商品を買えばいいのです。感謝すべきは感謝し、買うべきもののみを買うのが「いい買い物」です。

アマゾンのプライム・ワードローブに見る「新しい買い物」

一方、売り手にとって、返品に伴うコストを負担しなければならない、ということは利益を削ることを意味します。

また現在は、このサービスを導入するネットショップが多いので、競合への対抗上、やむを得ずおこなっているケースもあることでしょう。

しかし可能であれば、このサービスをクレーム解消に似た「ネガティブな印象を打ち消すための取組み」で終わらせるべきではありません。むしろ、ポジティブな体験を買い手に提供する機会にできるのが理想です。

たとえば「顧客が自分に合わない商品を返せるサービス」ではなく「顧客がリスクなし

で好みの商品を探せるサービス」と定義づけてはどうでしょう。

わかりやすい例は、アマゾンがプライム会員向けにおこなっている「プライム・ワードローブ」です。

これは買い手が、対象となる服、シューズ、バッグ、腕時計、ジュエリーなどをまとめて取り寄せ、自宅で試した後、購入する商品のみ代金を支払うサービスです。買わない商品は7日間以内に、届いたときの箱を利用して無料で返送できます。

ワードローブは、日本語に訳すと、洋服ダンス、衣装部屋といった意味になりますが、これによって買い手は、まさに自宅が試着室になったかのように、サイズ違い、色違いなどをゆっくりと試せます。

この一連の行動を通じて、買い手の心理に保有効果が生まれるのです。

おそらくアマゾンも、このサービスを導入しつつ、利益を損なわない工夫をしていると思われます。2018年の導入当初は、試せる商品数は3〜8点だったものが、2020年時点では1〜6点に変更されています。

ともあれ「返品無料」が、買い手に自由な選択を提供し、買い手との双方にWin－Winの状態ができるのであれば、理想的な関係が生まれることでしょう。

現代は、買い物に関する情報の伝わり方や内容が多様化しています。新型コロナウイルスの影響もあり、かつての、アパレルブランドのカリスマ店員と顧客のような密な関係も、望みにくくなりました。

経済的に言えば、今は成長期後の成熟期です。このような状況では、買い手が自由にゆったりと商品を選んで身につけ、結果的に、その体験を提供する売り手もうるおうような、落ち着いた関係が流行になるべきなのかもしれません。

損しないポイント

「返品無料」だからと安易に買ってはいけない

即ポチとは「一瞬で買わされている」ということ

お金を安く感じる「メンタル・アカウンティング」

ネットでの買い物行動における「ポチる」という言葉には、コミカルな響きがありますが、じつは注意が必要な行動です。

一つ目の注意点は「お金を使っている感覚の欠落」です。買い物が簡単で便利になるほどに、簡単にお金を失いやすくなります。

財布から現金を取り出して手渡すリアル決済は、お金を支払ったことが実感できます。

一方、ネット決済は現金の移動がなく、支払額、引落し額などの数字が示されるだけなので、お金を使う実感や、残高が減っていく感覚はありません。

しかも、繰り返し利用するネットショップであれば、クレジットカードや配送先住所などは登録してあるでしょうから、買い物に伴う手間は非常に少なくなります。ネット決済における支払いが軽いものに感じられ、歯止めがかかりません。結果的に、お金をどんどん使ってしまうのです。

このように、**支払い方で、お金の価値の感じ方が変わるのは「メンタル・アカウンティング」の影響**です。これは、前項でご紹介したリチャード・セイラーが提唱したもので、お金に関して判断をする際に、総合的、合理的に判断するのではなく、狭いフレームの中で判断してしまうバイアスです。

同じ自分のお金でも、入手の仕方や使い方、そのお金の名目などによって無意識に区別し、価値の感覚や使い方を変えるのです。

マサチューセッツ工科大学で、このことを検証する実験がおこなわれました。

被験者たちに、バスケットボールの応援チケットのオークションに参加してもらいます。落札後の支払いの際に、被験者の半数は「現金」で支払い、残りの半数は「クレジットカード」で支払う決まりを設けました。

その結果、クレジットカードで支払うグループの平均入札額は、現金で支払うグループの2倍もの高さでした。**現金払いよりも、クレジットカードを使うほうが、お金を使いすぎることが示されたのです。**

ネットショッピングにおける決済は、現金より簡単なのはもちろん、リアルなクレジットカードの利用以上に手軽ですから、お金を使いすぎる懸念があります。

「買い物しよう」という意識さえない

二つ目の注意点は「買い物が早く済むことによる検討不足」です。

ネットショッピングは、24時間すべてが買い物のタイミングになり、スマホを使えば、場所を選ばずどこででも買い物できます。情報の検索、商品の選択、決済、送付の手配まで、わずかな時間と手間で終了できるのです。

このような買い方の中でも、とくに「即ポチ」のような瞬間的で直感的な買い物を、グーグル社は「パルス型消費」と名づけました。

たとえば、空き時間にスマホを操作し、偶然行き当たった情報で購買意欲が刺激され、買いたい気持ちになり、瞬間的に買い物を終わらせる行動です。すべての行動がスマホ上で一瞬のあいだにおこなわれます。

即ポチがおこなわれるようになる前、マーケティング理論において、買い手は商品を買うまでに、いくつかのプロセスを経ると考えられていました。**有名な考え方が「AIDMA理論」です。**Attention（注意）→Interest（関心）→Desire（欲求）→Memory（記憶）→Action（行動）というプロセスで行動するというものです（「AIDMA理論」については第2章で詳しく説明します）。

この過程を経るには時間がかかりますが、逆にその中で、自分がこの商品を本当に欲しいのかなど、自分自身のニーズや欲求を確認することができました。実際の購入までに、本当に買うべきかなど、自分の意思を固める時間があったのです。

ですから、これは購入後に後悔する可能性が減るなど、いい買い物につながるプロセスでもありました。

もちろん、ネットショッピングには、時間と手間をはぶけること以外にも、リアルな買い物を上回るメリットがあります。

その一つは、買い物時に容易に使える情報量の多さです。調べようと思えば、商品の特徴、競合との違い、利用者の声、専門家の評価、商品開発の裏側などのストーリー、店舗ごとの価格差、キャンペーンの有無など、膨大な情報があります。これらの情報収集から購買行動までを、連続しておこなうことができるのです。

この情報収集プロセスで重要なのは、情報に触れながら、自らのニーズや欲求に気づくこと、さらに商品が自らのニーズや欲求を満たしてくれるかどうか確認することです。

ネットショッピングにおいて、かける時間は短くとも、こういう検討行動がおこなわれていれば、いい買い物は可能です。自分にとって必要な商品が、納得できる価格で手に入ればいいわけです。

しかし、**即ポチに関しては、そういった時間が十分に確保できないのではないか**、という疑問が残ります。パルス型消費においては、人は「買い物しよう」という意識さえもなく買い物をします。本当に欲しいかどうかもわからず、一時の衝動で買います。「じつは欲しくないものを買ってしまった」「今は買う必要がなかった」「買ってはみたが使わなかった」などの状況に陥る可能性があることは認識すべきでしょう。

不都合な情報をスルーする「確証バイアス」

一方、ネットを通じた情報収集に関しては、また別の注意が必要です。

それは「情報のかたより」です。

この章の冒頭で「買い物に役立つ情報が欲しいけれど、Ｗｅｂの情報が多すぎて探せない板挟み状態に陥る」危険性を指摘しました。その際、**自分に都合のいい情報だけを参考にする「確証バイアス」に影響され、かたよった判断をする可能性がある**と述べました。

じつは、ネットを活用して情報を収集した場合に、自分の認知バイアスに注意していたとしても、狭い範囲の情報で判断してしまう可能性があります。ネットの情報提供における「パーソナライズ」の影響です。

多くの人が情報収集に用いる大手Ｗｅｂサイトには、読者が見たいと思う（であろう）情報を優先して表示する仕組みがあります。これは、サイト側が視聴時間を増やすために取る方策です。これによって、気づかないうちに、自分の考えに合う情報ばかりと接することになるのです。

自分に合わない価値観の情報は、初めから遮断されている可能性があります。ネットによって、確証バイアスが強化される危険性があるのです。自分以外の人に表示される情報内容はわかりませんから、自分向けの情報が万人向けであると思ってしまう可能性もあります。

場合によっては、世の中が皆、自分と同じ考えだと勘違いしかねません。

表示される情報を、ただ受け入れ続けていくと、関心領域が狭くなります。その状態で、今欲しいと感じそうな商品の情報だけが、果てしなく送り込まれてきます。考える間もなく、一方的に物欲を刺激されます。

また、もともと興味のなかった商品と、意外な出合いをする機会もなくなります。未知との出合いは、生活を豊かにしてくれるものです。変化は刺激であり、時に成長にもつながります。とくに、若く成長途上の人にとっては重要なことです。受動的に情報を受け取り続けると、こういった機会を失う可能性があるのです。

好きなものだけに囲まれる生活が、自分にとって本当にいいものか、そのための情報提供サービスは自分にとって本当に必要か、よく考えるべきでしょう。

即ポチする前の「一呼吸」で冷静になれる

パーソナライズの機能を、情報を提供する「コンシェルジュ」と呼ぶこともあります。これによって、高級なイメージを醸し出そうという意図があるのかもしれません。

現在は、**このような情報提供に対して「情報が多すぎる」「押しつけがましい」という否定的な評価もある**ようです。そこには、主に情報の精度不足の問題があります。同時に、個人情報が流出するプライバシーや、セキュリティの問題もあります。

これらの問題に加えて、「与えられる情報以外は見なくなる」、さらには「自分で考えなくなること」の危険性も指摘しておきます。

とはいえ、パーソナライズされた情報を受け取りたい、というニーズもあります。なぜなら、音楽聞き放題や動画の見放題サービスのリコメンデーションで、自分の好みに合う、今まで知らなかった音楽や映画に出合うこともあるからです。

したがって、パーソナライズを絶対的に否定するべきではありません。

重要なのは、ネットのパーソナライズにより、情報がかたよっているという事実を知ることです。自分のスマホやPCに表示されたニュースなど、ネットで「受動的に」知る世界は、誰かが取捨選択して送り込んだ可能性があると理解することなのです。

これは、ネットを活用する際に、当然知っておくべき必要不可欠な認識です。

ネットやデジタルの利点を活かして、買い物のスピードを高めることを、全面的に否定しているわけではありません。必ずしも長い時間をかければいいとは限りませんから、いくつかの注意点を守ればいいのです。

たとえば、受け身にならず情報を収集すること、同時に自分自身のニーズや意思を確認すること、ネット情報のかたよりに気をつけること、手軽にお金を使いすぎないことなどです。

リアルとネットのよさを兼ね備える行動ができるといいでしょう。たとえば、リアルな買い物で、売り場からレジまで歩く時間に少し考えるのと同じように、通販のカートに入れてから決済手続きまで、一呼吸置くのも効果的です。

そのうえで、買い物のプロセスすべてを楽しむことができると理想的です。こうしておこなう買い物は、間違いなく「いい買い物」だと言えるでしょう。

損しないポイント

反射的で受け身、自分のニーズや意思を確認しない買い物はダメ

その定期購入、じつは大いなるムダでは？

「ここでやめたらもったいない！」と思う心理

ある商品を定期的に買っているときに、「ここでやめたらもったいない」とか「ここで変えるのは面倒くさい」と思うことがあるかもしれません。

この心理をよく知るには、まず売り手のビジネスを理解することが必要です。売り手が何かを販売する方法を「マーケティング」と呼びますが、これは大きく2種類にわけることができます。

テレビCMなどマスメディアを使った広告で話題を呼び、百貨店から専門店まで、さまざまな流通店舗をカバーして販売する方法が「マスマーケティング」です。お金がかかるので、資金力のある大企業でないと実行しにくいのですが、大量生産・大量消費の時代、かつマスメディアが絶対的な影響力を持った時代に合っていました。

ところが、現在はメディアが多様化しています。多く利用されるメディアもマスメディアからネットなどへシフトしており、マスマーケティングはおこないにくくなりました。

これと対極にある手法として生まれたのが「ダイレクトマーケティング」です。通信販売とも呼ばれます。

マスメディアに限らず、ネット、ダイレクトメールなど、さまざまなメディアを使って告知し、メールや電話など、さまざまな手段で買い手と直接、会話や文章をやり取りします。クレジットカードや振り込みなどで決済し、商品は直接買い手に送ります。

売り手の〝全力〟かつ〝丁寧すぎる〟フォロー

従来型のマスマーケティングでは、商品を購入した際に自ら会員登録などをしない限り、基本的には個人を特定されたり、行動を把握されることはありません。

すなわち、商品を買い続けようと、やめようと自由です。やめたと知られることすらないかもしれません。

これは、マスマーケティングが、買い手を「個人」ではなく、「大衆」としてとらえるからです。売り手の目的は他社より多く、購入者を獲得することです。該当する商品の売り買いがおこなわれる市場の中で、より多くシェアを取ることを目指すのです。

一方、ダイレクトマーケティングは、目標が市場シェアではありません。買ってくれる個人を一人でも多く獲得すること、さらにその人に繰り返し買ってもらうことを目指します。

極端な例で言うと、購入ターゲットが10人しかいない市場においては、マスマーケティングは非効率なので成り立ちません。ところが、ダイレクトマーケティングによって、この10人が確実に延々と買い続けてくれれば、商売は成立するのです。

ダイレクトマーケティングは、買い手を「個人」として扱います。これは必ずしも、一人ひとりの買い手に対して、丁寧なおもてなしをするという意味ではありません。個人の顧客をデータ化し、徹底的に管理するということです。

性別、年齢、住所、世帯収入、家族構成などの個人データはもちろん、購入した商品の数や購入時期もデータとして蓄積されています。初めて売り手に接触した日から、現在に至るまでのメールなどを通じたすべてのやり取りも記録されています。

ダイレクトマーケティングをきちんとやっている売り手ならば、過去に購入にこぎつけた成功事例のパターンを膨大に持っています。それと照らし合わせながら、買い手にさまざまなアプローチをします。すべての目的は「買わせ、さらに買い続けさせる」ことです。したがって、**買い手に「ここでやめたらもったいない！」という思いを持たせるのは、売り手にとって、絶対的に必要な条件の一つ**なのです。

買い手は「買い続けるかどうか」を、漠然と考えるだけかもしれません。ところが、売り手は全力をあげて「買う」方向に向けて意識づけをし、行動をうながしているのです。普通の買い手の方々に、まず認識していただきたいことは、この意識のギャップです。

今やダイレクトマーケティングはテレビでも常識

じつは通信販売は、今や特殊な売り買いの一形態ではありません。たとえば現在では、テレビCMを見て買いたいものを見つけたとしても、店舗に足を運ぶとは限りません。ネットにアクセスして同じ商品を探し、カード決済で買うケースが増えています。

この買い方の後半は、ダイレクトマーケティングと同じであり、すでにマスマーケティングとダイレクトマーケティングの境目はなくなりつつあります。

この方法を用いて、すべての売り手は「買わせ、買い続けさせる」ことを目指すことができます。これを可能にする、ネット、デジタルデバイス、顧客データベース、流通網などの技術や環境は、すでにでき上がっているのです。

それと同時に、このような売り買いの方法は、買い手にとってもメリットがあります。さまざまな商品をＷｅｂサイトやカタログで確認でき、家にいながら購入して届けてもらえるという便利さがありますから。

売り手は、利便性という買い手のニーズに対応しつつ、さらに、さまざまな方法で買い手の購入意欲を刺激しているのです。

「損失回避」と「保有効果」で買い手を惑わす

ここからは具体的な売り手の作戦を、いくつか紹介しましょう。

たとえば、健康食品や化粧品などで「お試し商品」を低価格で販売されたり、無料で提供されたりすることがあります。

このような商品を申し込む際は連絡先を伝えることになるので、その後に売り手からのアプローチが始まります。

まず、商品を使い切るころまでには、電話やメールが届きます。使用感などを尋ねられつつ、毎月定期的に購入するコースへと誘導されたり、ボリュームの多いお徳用版をすすめられたりします。

さらに、期間限定の「クーポン券」が郵送で届いたり、ネットで配信されることも多いです。たとえば「3000円オフ」といった形で金額が大きく書かれた「クーポン券」のようなものもあります。

じつはこれは、買い物時に3000円分請求額が引かれる単なる「割引」とは似ていながら、より強い効果があります。割引は、買った場合のみトクできるという、形のない「権利」のようなものです。手元には何もありません。

一方、クーポン券の場合は「3000円」と書かれた券が郵送されるか、またはネット上のマイページなどに格納されます。

それはまるで、自分の保有物のように思えます。もし、それを使わないまま期限がくれば、そのクーポン券を失ったことになるのです。

第2章で詳しく説明しますが「損失回避」によれば、損する悲しみはトクする喜びより2倍以上も大きいのです。

したがって、３０００円割引されるトクよりも、３０００円のクーポン券の価値がなくなる損失のほうが大きくなります。

ましてや、クーポン券と名づけられ、（デジタル上であっても）デザインされた自分自身の保有物が失われるのであれば、「保有効果」が働いて、もったいないという感情が、より大きくなります。

このような心理によって、クーポン券の期限までに買い物をしてしまうのです。

初回無料からの「現状維持バイアス」で結果カモに

また、定期購入を条件に、初回のお試しは無料というケースもあります。2回目以降は有料ですが、キャンセルがない場合は自動的に毎月送られるパターンです。ただし、お試し中に「次から必要ない」と思った場合は、簡単に定期購入をキャンセルできます。

理屈から言えば、売り手が丸々損してしまいそうですが、必ずしもそうではありません。**買い手に「現状維持バイアス」が働くために、買い続けてしまうのです。**

これは、変化や未知のものを避けて、現在の状況に固執してしまうバイアスであり、損失回避によって生まれる心理です。現状からの変化には何かを失うリスクがあります。少なくとも現状の「安定した状態」は失われます。これら目前の損失を避けようとするあまり、ほかに魅力的な選択肢があっても同じ状態を維持してしまうのです。

日常生活の例では、今まで使ってきた携帯電話を、ほかの会社に変えれば明らかに安くなるとわかっているにもかかわらず乗り換えない、というケースがあります。

あるいは、転職を考えながらも踏み切れず、ズルズルと同じ会社に勤め続ける状態も現状維持バイアスの影響です。

通信販売の定期購入も、１か月くらい継続してみようと思ってキャンセルを先送りした結果、ズルズルと続けてしまうものなのです。

このように売り手は、さまざまな工夫を凝らして買わせようと試みます。新しい方法の研究も盛んにおこなっています。

たとえば、最近では売り手がネットを活用し、安く買い手にアプローチすることができます。これにより、お試し後の購入促進メールを、商品を使い終わる前のタイミングで、何度も送るといった手法も使われるようになりました。メールが安く使える状況はすべての売り手にとって同じ状況なので、各社競い合うわけです。

場合によっては、購入促進メールを50日にわたって毎日送るなど、極端なケースもあり

ます。決まったルールを壊しながら、どんな方法でも試してみるのが基本的なダイレクトマーケティングの姿勢です。

売り手の都合で買い続けていないかを考えよう

もしかしたら、以上のような売り手の考え方や手管（てくだ）を知って、驚き戸惑う人もいるかもしれません。

しかし、このような取り組みをするからこそ、中小企業であっても大企業と争いながら存在できるという面もあります。社会は好景気なわけでもありませんし、数多くの商品や企業が競い合う状況です。売り手も必死にならざるを得ません。

また、売り手が存続してくれてこそ、買い手はモノを買えるわけです。売り手がつぶれて商品が売られなくなったり、一部の企業が独占しては困ることもあるでしょう。

とはいえ、売り手の勢いに押されて、意思に反した買い物をしてしまう事態は避けるべきです。そこで、買い手が対抗するために必要なのは、売り手の作戦を知ることです。コントロールされて無意識に買わされ、さらに買わされ続けないような知識を持っておけばいいのです。そのうえで「買い続けるかどうか」を判断しましょう。

この最終判断で最も重要なのは、「商品がいいかどうか」を見抜くことです。実際に試す機会を設け、自分に合わないものは躊躇(ちゅうちょ)せずにやめるべきです。

マスマーケティングの時代は、多くの人にとっていい商品でなければ残れませんでした。ところが今は、売り手から買い手に商品が届けやすくなっているため、ごく少数の人にとってのいい商品でも、生き延びることができます。

したがって、商品の選択肢は増えています。その中でいい商品を探さないならば、それこそが「ダメな買い物」でしょう。

「いいかどうか」の判断は、買い手一人ひとりによって異なります。ですから、自分にとってのいい商品は何かを知る必要があります。

もし、それを見つけられれば、ぜひ買い続けてください。いい商品を買い続けることは、間違いなく「いい買い物」なのです。

損しないポイント

売り手のカモになった定期購入は今すぐストップ

有名人のおススメや食べログの星を盲信しない

ネット・クチコミは量も種類も増え続けている

商品やサービスの買い手などが、評判や噂などを口伝えに広める行動や、その内容を「クチコミ」と呼びます。

つい最近まで、情報量、スピード、影響力などの点ですぐれるテレビ、新聞などのマスメディアが重視されていたため、クチコミはあまり注目されていませんでした。

しかし、もともとクチコミは、古くからあるコミュニケーションの形で、人間の生活に溶け込んだ原始的なコミュニケーションです。ただし、従来の口頭によるクチコミは、個人のまわりの人間関係の中でおこなわれるため、影響範囲は限定されていました。

それが、ネット・クチコミが普及し、利用されるようになると状況は一変します。購入や使用にもとづく感想や評価などを表すレビューや、星の数など、多様なネット・クチコミの手段が生まれ、多くの人が利用するようになりました。

ネット通販サイト、価格比較サイト、ポータルサイトなど、たくさんのサイトで多くのコメントが交わされています。飲食店、ホテルや旅館、美容院などの施設の紹介サイトでも、評価がおこなわれています。

また、コスメ、住宅、映画、音楽など、さまざまな商品が評価され、さらには学校、病院、弁護士などの士業などを評価するサイトもあります。

このほかにも、SNSやブログなど、ネット上のさまざまな場所にクチコミがあります。そこでのコミュニケーションのおこなわれ方は多様です。口頭でのクチコミのようにコメントだけでなく、星の数や点数をつける、画像などで補足するなど、さまざまな形で商品やサービスの情報交換がおこなわれています。

こうして今ではネット・クチコミが、マスメディアをもしのぐ影響力を持つようになりました。その理由は、まず時間と空間の制限がないことです。情報の発信者と受信者が、同じ時間に同じ場所で情報交換する必要がないどころか、情報は速いスピードで世界中に公開、共有されて、24時間受発信できます。

伝達手段も、スマホやPC、サイトやSNSと多様です。その表現においても、文字だけでなく写真や動画も活用して、内容を豊かに伝えることが可能です。さらに、その内容はデジタル化されてネット上に残るため、発信後も長く見ることができます。

「ウィンザー効果」「ハロー効果」が判断を狂わす

また、ネット・クチコミは、受発信の匿名性が強い点も特徴です。これにはメリットとデメリットがあります。

リアルなクチコミは、基本的には知り合い同士のあいだでおこなわれますが、ネットでは見ず知らずの人のあいだで情報交換がおこなわれます。現実社会における地位や立場とは関係なく、対人関係による圧力もなく、自由に交流できるというメリットがあります。

逆に、その点がデメリットにもなります。多くの場合、発信者は匿名のまま情報を発します。内容に関して、責任を問われるとは限りません。したがって、**ネット・クチコミの内容には虚偽や、不確実な情報が含まれる可能性もある**のです。

このように功罪はあるものの、ネット・クチコミは利便性や多様性があり、今では大きな影響力を持っています。

買い物においては情報収集が不可欠なので、ネット・クチコミの情報が役立ちます。しかし時には、その情報によって行動が歪(ゆが)められることがあります。情報を受け取る側の心理にバイアスがかかるためです。その一つは「ウィンザー効果」の影響です。

これは、本人から直接発信される情報よりも、直接的な利害関係のない第三者から、間接的に伝わる情報の信頼性を高く感じる心理的傾向です。

たとえば、施設や商品の情報であれば、当事者である運営者やメーカーからの情報よりも、利害関係がない第三者からのクチコミのほうが信頼されます。

この心理によって、単に第三者からの情報だからというだけで、その発信者の素性がわからなくても、その内容を信じてしまう可能性があります。場合によっては、じつは発信者が、その商品を提供する関係者であったというケースもあります。

逆に、第三者を装ったライバル商品の提供者だということもあります。その発信者による、巧妙に商品を中傷するクチコミを見て、本来は買うべき良品なのに、購入をためらってしまう可能性もあるのです。

ウィンザー効果は、情報の発信者が「第三者」であることによる心理的バイアスです。

そのほか、発信者が「著名人や専門家」である場合にも心理的バイアスが生まれます。「ハロー効果」です。

これは、ある対象を評価するときに、それが持つ顕著な特徴に引きずられて、ほかの特徴についての評価が歪められる現象です。

たとえば商品やサービスを評価する人が、有名なタレントだったとします。すると、出演しているテレビ番組や映画などを通じて、タレント本人が強く印象づけられているために、発言にも信憑性があると判断されます。そのタレントのクチコミで、よく評価されている商品があれば、それを鵜呑みにしてしまう可能性があります。

「バンドワゴン効果」で多数派に乗りたくなる

ウィンザー効果やハロー効果は「クチコミ発信者が誰であるか」によって、判断を誤るという心理的バイアスでした。これらと別に「クチコミのボリューム」によって、かたよった判断をしてしまうケースがあります。米国の経済学者であるハーヴェイ・ライペンシュタインが提唱した「バンドワゴン効果」です。

これは多くの人が同じ選択をしていることにより、その選択肢が、さらに多くの人から選ばれやすくなる現象です。**人の「時流に乗りたい」「多勢に加わりたい」「勝ち馬に乗りたい」といった心理によって起こります。**

ちなみに「バンドワゴン」とは、パレードの先頭を行く楽隊車のことです。その後ろに行列がぞろぞろとついていく様子を、多数派についていく大勢の人々の姿にたとえて、この効果が名づけられました。

この事例として、選挙活動で事前に有力、優勢とされた候補者に票が集まる状況があります。また、投資で皆が買っている銘柄を買いたくなる心理や、行列ができている飲食店に並びたくなる心理も、バンドワゴン効果の影響によるものです。

モノの売り買いにおいて、この影響を受けると、4つ星、5つ星が数多くついている商品やサービスを、無条件に買ってしまう可能性があります。多くの人々の評価に流されて、本当に自分にとっていい商品かどうか、判断が甘くなりかねないため要注意です。

芸能人のクチコミだからって簡単に信じない

ここまでは、クチコミに関する心理について解説してきました。

基本的にはクチコミを見る側が、誘導されやすい自分の心理について知り、誤った判断を避けてほしいという意図です。

ここからは別の観点から、クチコミに関する注意点に触れておきます。**この項で紹介したウィンザー効果、ハロー効果、バンドワゴン効果などによる心理の誘導を、広告であることを隠しておこなうケースがあるのです。**

それは「ステルスマーケティング」と呼ばれます。日本においては、２０１２年の「ペニーオークション詐欺事件」で有名になりました。

ペニーオークションは、毎回の入札ごとに手数料が必要になる形式のインターネットオークションです。表示上の開始価格や落札価格は、通常のオークションより安いものの、高額の手数料がかかります。

一時話題になりましたが、運営者が入札金額を釣り上げるダミー商品ばかりで、実際には低額での落札が不可能などの不正が明らかになり、運営者が有罪判決を受けました。

問題は、著名な芸能人が、報酬を受け取って自分のブログなどで、格安で落札したなどという架空の事実を発信していたことです。第三者であるはずの芸能人を使った広告であるにもかかわらず、そのことを隠していたわけです。まさに、ウィンザー効果やハロー効果を悪用したネット・クチコミです。

欧米では現在、ステルスマーケティングは違法です。アメリカではPR活動において、広告主との関係や金銭授受の有無を公開するよう義務づけられています。違反すれば民事訴追や行政措置を受けます。

一方、日本では、ステルスマーケティングそのものを違法とする法律は存在しません。したがって欧米以上に、不正なクチコミに接する危険があります。

怪しげな日本語で商品のよさを主張するレビューなど、国内で取り締まるのが難しそうなケースも見受けられます。こうした状況がすぐに変わるのは難しいでしょう。

だとすれば、自衛の意識を持つしかありません。ネット・クチコミに関しては、ステルスマーケティングである可能性を、つねに意識することです。さらに、行動経済学の観点で、自分自身の心に生まれる心理的バイアスも知っておくことが必要です。

しかしながら、誤った方向への誘導を避けるのは簡単ではありません。

もし、**自分の判断に関して精度を上げようとするならば、自分の買い物行動について、情報収集から購入の結果までのプロセスを買った後で思い返し、失敗を記憶するのがいい**でしょう。購入前のクチコミ情報に嘘があったとわかれば、次からは、そのサイトを慎重に見るのです。

ネットから得る情報の真偽を見極めるのは、面倒かもしれません。しかし買い物に限らず、すべての生活において必要な技術です。

自分のお金を損しながら得た判断技術は、単に教えられただけの知識よりも貴重なものになるはずです。買い物をすることで、生活全般に必要な情報収集の技術を学ぶのも大切なことだと言えるでしょう。

損しないポイント

人に流される買い物、だまされる買い物は避ける

メルカリで損しないため、楽しく使うために

「ブレークイーブン効果」で含み損を過大評価する

「フリマ」はフリーマーケットの略ですが、誰もが自由にモノを売り買いできるイメージから、英語で書くと「free market」だと思っている人が多いかもしれません。

しかし、正確には「flea market」で「flea」とは「蚤（のみ）」のことです。フランスのパリ市内で、週末を中心におこなわれていた古物の露店市「蚤の市」が語源です。

現在ではフリマアプリによって、さらに多くの人が参加できるようになりました。取引はオンラインでおこなわれるため、誰もが簡単にさまざまなモノやサービスを売り買いできます。

その結果、企業が売り手で、消費者が買い手という従来の取引と違い、消費者が売り手にも買い手にもなるという状況が広がりました。

フリマアプリの歴史はまだ浅く、日本初のフリマアプリは２０１２年に誕生した「フリル（現ラクマ）」で、現在の業界最大手は２０１３年に設立された「メルカリ」です。

２０１９年にはソフトバンクグループの「PayPay フリマ」が参入するなど市場は活況で、メルカリに関しては国内だけでアプリダウンロード数が７５００万を超えており、単純計算で、日本の人口（約１億２５００万人）の半分以上が使っていることになります。

人々がフリマアプリを使う理由に関して、メルカリが自社調査をおこなっています。

調査結果から、主に売り手としての利用理由は「賢

【図1】フリマアプリを使う理由ランキング

1位　賢くお小遣い稼ぎができる(34.2%)
2位　捨てようと思っていたものが売れて得した気分になる(33.2%)
3位　掘り出し物を探すのが楽しい(26.0%)
4位　捨てるという行為がなくなる(25.0%)
5位　あらゆるモノに価値がつく(22.0%)

くお小遣い稼ぎができる」が最も高く、次いで「捨てようと思っていたものが売れて得した気分になる」が高いことがわかります。

つまり、単純に儲かるだけではなく、捨てるしかないと思っていたものが、お金になると知ったときの喜びが強いものと考えられます。

行動経済学の観点から見れば、これは「ブレークイーブン効果」の影響です。含み損の状態にあって、損失をなくすことを強く求める心理です（ブレークイーブンは損益分岐点を意味します）。損失があきらめきれない状態のときに、これを挽回できると大きな喜びを感じるのです。

たとえば、投資の世界で、値下がりした株を持ち続け、相場が回復して買い値に近づいて売却することを「やれやれ売り」と呼びます。

この「やれやれ」は、単純な得以上の喜びと言われますが、これもブレークイーブン効果の影響です。

自分が使えない物や使わない物を、損失覚悟で捨てるしかない状況であったにもかかわらず、フリマアプリで売れたならば、喜びは大きいでしょう。そこで手に入れた金額を、単にもらうときよりも大きいと考えられます。

買い手には掘り出し物を探す楽しさが魅力になる

一方、買い手としての利用理由で、最も高いのは「掘り出し物を探すのが楽しい」です。おトクな商品や意外な商品、どこを探してもなかった商品を見つけることができる、宝探しのような楽しみもまた、フリマアプリで買い物をする楽しさです。

新品を買う場合は、どの店舗で、どの商品を選んでも、基本的には同じ品質です。価格も定価や希望小売価格など、基本的な目安から大きく外れることは少ないでしょう。

一方、中古の品物は、一つひとつが異なる商品と考えることができます。状態がよくないため激安の商品もあれば、新品同様なので高い商品もあります。出品者が早く売りたければ安く値づけするでしょうし、その逆もあり得ます。新品のときは同じ商品だった一つひとつが、すべて品質や価格が異なる商品になるのです。

また、フリマアプリで扱う商品ジャンルは多岐（たき）にわたるため、そこには膨大な商品群があるわけです。

買い手は、検索することで希望に合う商品を選ぶことができます。

ただし、タイミングよく出品されていれば、望む商品を見つけられますが、まったく出品されていないこともあります。品質の判断も必要にはなりますが、買い物のたびに運試しや宝探しをするような楽しみを感じることができます。

リアルな店舗で、これと似た楽しみを提供しているのが「ドン・キホーテ（ドンキ）」です。２０２０年の営業では新型コロナウイルスによるダメージを受けましたが、１９８９年３月の1号店開業以来、30期連続で増収増益を続けていました。

ドンキ独自の特徴として知られている販売手法が「圧縮陳列」です。商品を天井に届きそうなくらい、密度高く陳列するのです。小売業界では、商品を整理整頓し、どこに何があるのか、来店客がわかりやすいように陳列するのがセオリーですが、それとは真逆の手法です。

しかし、これによって来店客は、ジャングルのような無秩序空間に詰め込まれた、圧倒的ボリュームの商品群から掘り出し物を探す楽しみが味わえるのです。

フリマアプリは、この楽しさをオンラインで提供していると考えられます。

リユースと副業・ギグワークのニーズを満たす

さらに、メルカリを使う理由の中で、売り手と買い手に共通する項目は「捨てるという行為がなくなる」ことです。ここには「社会的選好」の影響が見て取れます。

これは、自分自身だけでなく、他者の利益も考慮して選択や行動をおこなう心理です。伝統的な経済学では、人は自分の利益を求めて行動する利己的な存在とされていました。

しかし、行動経済学が、この仮定は現実に合わないことを明らかにしました。

現代では、すべての人が、地球環境に配慮することを求められています。フリマアプリでの売り買いは、使える物は繰り返し使う「リユース」や、モノを大切に使ってゴミを減らす「リデュース」に直結します。モノを売ってお金を得たり、欲しい物を安く手に入れながら、環境問題に貢献できます。そこに満足を感じる人が多いのです。

もう一つ、別の調査を紹介しましょう。新型コロナウイルスにより在宅時間が増えたことで、人々が始めた副業・ギグワークの内容です（次ページの図参照）。

在宅時間が増えたことで始めた副業・ギグワークのトップが、フリマアプリの利用でした。２０２０年ごろ、人々は新型コロナウイルスにより自粛生活を強いられました。企業の業績は低迷し、残業代などの収入は減ります。

一方でリモートワークが浸透して、通勤時間もなくなったことで時間が余りました。そこで副業に目を向け始めた人々にとって、最も始めやすい仕事がフリマアプリによる副収入確保だったのでしょう。

そもそも、人生１００年時代と言われる現代は、会社に頼って収入を得るだけで一生過ごすことが難しくなっています。

自力で収入を得ようとする人にとって、メルカリなどのフリマアプリはいい手段となるのです。

このように、さまざまな点において、フリマアプリは売り手や買い手に対し、楽しみや利益を提供しつつ、社会において経済活動の発展や個人の自立をうながすものです。

さまざまな点ですぐれた売り買いの仕組みであり、プラットフォームだと言えるでしょう。

【図2】在宅時間が増えたことで始めた副業・ギグワーク

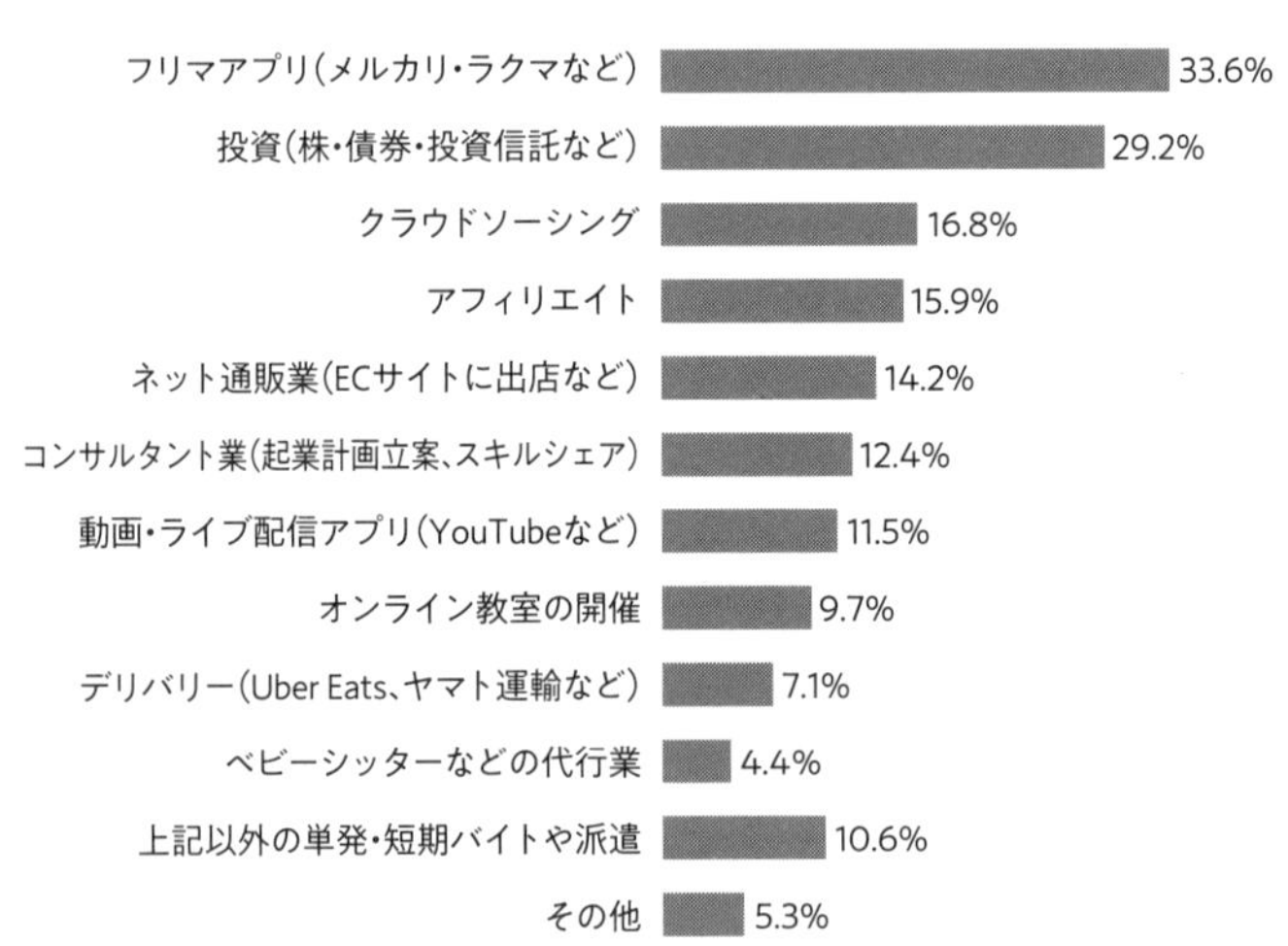

「転売ヤー」を規制するか否かは運営者次第

しかしながら、まだ誕生から日が浅いフリマアプリには、制度などの点で課題もあります。買い手や社会に対して、害を及ぼす可能性が示されたのは「転売ヤー」問題です。

フリマアプリでは、健全な出品者と購入者のやり取りが多くを占める一方、転売ヤーたちが入手困難な商品を買い集めて、高値で出品するケースが目立つようになったのです。転売ヤー自体は、音楽コンサート会場前で高額のチケットを売る「ダフ屋」など、昔から存在していました。フリマアプリが生まれて転売が簡単になったため、売り手は増え、問題となる取引も増えたのです。

とくに、新型コロナウイルスの感染拡大に伴う、マスクやアルコール消毒液などの衛生用品の高額転売は、大きな社会問題となりました。なかには、マスクの販売価格が通常の100倍以上に高騰（こうとう）した例もあり、国民生活安定緊急措置法によって、2020年3月に衛生用品の転売が禁止されました（同年8月に規制解除）。

さらに、同年の巣ごもり消費で需要が高まったゲーム機も、転売の対象となりました。

任天堂の「Nintendo Switch（スイッチ）」は、2020年6月時点で希望小売価格（税抜2万9980）円の倍である6万円前後まで高騰しました。2017年3月の発売から3年も経っている商品ですから異例の事態です。

また、ソニー・インタラクティブエンタテインメント（SIE）が2020年11月に発売した「PlayStation 5（PS5）」も、発売直後には希望小売価格（税抜3万9980円～4万9980円）の2～3倍にあたる10万円前後で取引されました。なかには30万円近い金額で落札されたケースや、100台まとめて900万円で出品というケースもありました。販売直後は抽選販売が常であることも考えれば、これもまた異常事態です。

転売ヤーが買い占めることで、本当に使いたいと思っている人が買えなくなります。あるいは転売ヤーから高額で買うしかなくなります。こういった状況が広がる中で、出品する転売ヤーはもちろん、運営するメルカリに対しても批判の声が上がりました。

法律で転売が禁じられている興行チケットや、販売免許が必要な医薬品などを除けば、ネット上の転売に法的な規制はありません。

ルールを設けてどこまで出品を制限するかは、アプリ運営者の判断に委ねられます。どのような転売を不当や行きすぎと見なすかは、運営する企業が自由に決められるのです。

２０２０年の騒動時に、ネット上で買い手と売り手を結びつける企業の中には、出品の制限や削除をおこなう企業もありました。しかし、メルカリは、出品禁止などの個別対応はおこないませんでした。

メルカリの販売手数料は当時10％です。**仮に10万円のゲーム機が取引されれば1件で1万円、９００万円ならば90万円の手数料を得られます。**一般の買い手が支払わされた高額な代金の10％が、メルカリに支払われるのです。

フリマアプリの出品制限については、今も議論が続いており、何が正しいか一概に言えません。逆に言えば、そこでの行動は企業の自由意思が反映されたものです。

現在では、メルカリは業界トップの大企業ですから、一般消費者や社会からの目には配慮すべきかと思われます。企業としてのブランド価値が低下すれば、取引先や投資家が離れる可能性もあるのです。

ノジマの取り組みに見る「パーパス」の重要性

その一方で、転売ヤーに対して、明確に反対の姿勢を打ち出す企業も現れています。

大手家電量販店のノジマは２０２１年１月に「転売撲滅宣言」を打ち出しました。ゲーム機などに関して、購入履歴をもとに転売目的とみられる客に対し、店頭での販売を断っているのです。これは、簡単なことではありません。小売業が厳しい状況の中で、得られるはずの貴重な利益を自ら手放すことになります。

また、そのために費やす労力や費用は少なくないはずです。たとえば、転売目的かどうかを見分ける技術を磨くことが必要です。見誤るリスクもゼロではありません。そのうえ、時には店舗のスタッフが「法律で禁止されていないのに、なぜノジマが決めたことに従わないといけないのか」と、罵倒されることもあるそうです。

そこまでして取り組む理由は、転売行為から顧客を守ること、本当に必要としている顧客に商品を届けることだとノジマは明言しています。これは利益以上に顧客を重視する考えの表れです。同時に、社会の秩序を守り、不正を排除する意思を感じさせます。企業の「ブランド」は、こういった取り組みから形作られるものです。

企業の経営やブランド構築において、ここ数年「パーパス」が重要であるという考え方が広まっています。この言葉は「社会における確固たる存在意義」を意味します。過去の利益至上主義とは異なり、社会やコミュニティ、働く人々など、すべてのステイクホルダーにとっての価値提供を、企業経営の目的にすべきだという考えから生まれました。

今後は、パーパスが企業にとって、顧客や取引先に選ばれるために、また投資家から評価されるために必要な条件と言われています。

ノジマの取り組みには、企業のパーパスが反映されていると考えられます（パーパスとして明言されているかどうかは別として）。この姿勢は、広く知られるべきですし、ステイクホルダーから評価されるべきでしょう。

一方、メルカリにおいても、転売ヤーに関する検討はおこなわれているようです。

２０２１年より、価格が急騰する商品の画面上に「商品は、価格が急騰している可能性があります。メーカーサイトを確認いただき、購入においては冷静な判断をお願いいたします」と注意を表示すると定めました。

しかし、これで十分かといえば疑問は残ります。なぜならば、極端に高い価格であることは、金額表示を見れば誰にでもわかることだからです。

見られているように感じるだけで不正は減る

もし、もう一歩踏み込むならば何をすべきでしょう。行動経済学の観点からヒントを探すならば、一つの実験が参考になるかもしれません。

英国ニューカッスル大学のメリッサ・ベイトソンによる実験です。大学内のラウンジにおいて有料で、紅茶、コーヒー、ミルクなどを提供するときの利用者の行動を調べました。しかし、そこに人はいません。商品の値段表と、お金を払う箱のみ備えてあります。自販機ではないので、支払いするかどうかは、利用者の自発性に頼る仕組みです。

そこで、同じ場所に「花の写真」と「人の目の写真」の絵を掲げました。

これら2パターンの絵を毎週交互に替えながら10週間続け、「花」が掲示された週と「目」の週における消費量と支払われた代金を比較しました。すると、その結果「目」の週には「花」の週の2・76倍多くお金が集まっていたのです。**現実に人がいなくても、誰かに見られているかのように感じるだけで不正は減るのです。**

同じニューカッスル大学では、その後も同様の実験を、構内の自転車盗難に関しておこなっています。

複数箇所の自転車置場に、やはり「目の写真」を掲示しました。その結果、1年間の盗難件数が39件から15件へと62%減少しました。

誰にも知られない状況では、人は不正を働くことがあります。しかし、少しでも監視されている気がするだけで、たとえそれが錯覚であっても不正を止めるものなのです。

「ナッジ」が不正転売の抑止力になる

さて、今後メルカリがおこなう「フリマアプリの商品画面において注意文を掲示する」ことについて、あらためて考えます。この表示は、買い手が商品を選んで、初めて表に出ることになるでしょう。見るのは買い手です。

つまり、この効果は、高額だと知っている買い手に対し、一応の注意を加える程度のものです。転売ヤーに対して直接、不正を思いとどまらせる効果は少ないでしょう。

しかし本来の責任は、買い手ではなく、売り手である転売ヤーにあるのです。そちらに対して、アプローチをすることが必要です。

おそらく、高額の出品をしたことが、誰にも知られない仕組みに問題があります。匿名の出品者は、うまくいけば誰にも知られず売り逃げられると考えるかもしれません。

その対策例として、売り手に「不当に高額の出品をしていることが『知られている』」と、知らせる手法が考えられます。たとえば、出品の掲載時点で、出品者に「アラート」を出す方法がいいかもしれません。

あるいは高額の出品に関しては、要注意リストを誰もが見られるように、アプリ上で掲示するという方法も有効かもしれません。これは匿名のままで構いません。売り手に「見られている」と感じさせることが狙いです。

ほかにも、さまざまな方法が考えられるでしょう。

出品画面に注意文を掲示すると決めているのであれば、その出品が不当かどうかの判断基準は定められるはずです。あとは、どのタイミングで、出品者にアプローチするかを考えるだけです。

いずれにしても、基本的な考え方は、転売ヤーに対して、その行為が監視されていることを知らせるというものです。これにより、出品を制限するという強硬手段を避けることができます。完全ではありませんが、ある程度の抑止力は期待できるでしょう。

こうした働きかけを、行動経済学では「ナッジ（nudge）」と呼びます。言葉の訳は「ひじで軽く突く」です。禁じることも強制することもせず、またインセンティブを大きく変えることもなく、人の行動をよりよい方向へうながす仕掛けや手法です。

買い手が「いい売り場づくり」に貢献できる

この項目で述べてきたように、現状のフリマアプリは、買い手に喜びを与え、社会に貢献する側面と、不正の温床になりかねない側面を併せ持つものです。

しかしながら、新品の商品を大量に生産、消費、廃棄する社会の仕組みは変わらざるを得ません。そこでフリマアプリは、間違いなく重要な役割を果たすはずです。

またフリマアプリは、あらゆる人に売り買いの喜びを提供できる力を持っています。だからこそ今後、よりよい形で発展してほしいと願います。

これからのフリマアプリの進化には、もちろん買い手も参画することができます。不当な価格の品物は買わない姿勢を持ちながら、積極的に使えばいいのです。

こうして、よりよい売り買いの場作りに参加しながら買い物をすることも、また「いい買い物」であると言っていいでしょう。

損しないポイント

メルカリでポチるなら賢く正しく

使い放題のサブスクは、お金の支払い放題でもある

「手間がかからない楽」に潜む落とし穴

サブスクという言葉が定着してきました。この言葉は、日経ＭＪの２０１８年ヒット商品番付で「西の大関」にも選ばれるなど注目を集め、利用者も増えています。商品やサービスを一定期間、一定額で確実に手間なく享受できる仕組みです。

もともとは、サブスクリプション（subscription）の略で、雑誌や新聞などの予約講読や年間購読から生まれました。**今ではネット配信により、活字コンテンツはもちろん、音楽や映像などのコンテンツも無制限に楽しむことができます。**

さらに、コンピューターソフトやアプリケーション、ゲーム、書籍や雑誌の配信、衣服や雑貨、ラーメンやお酒などの飲食サービス、車や住宅など、続々登場しています。ECサイトで会費を払えば、配送料が無料になる仕組みなども、サブスクの一種でしょう。

わかりやすいサブスクのメリットは、利用の回数を考えると「結果的に得」であることです。また、利用のたびに申込みや支払いをする「手間がかからない楽」があることもメリットです。

しかし、ここには落とし穴があります。「使い放題」ということは、同時に「払い放題」なのです。

最初に申込みをした後は、いちいち支払い手続きをしなくてもサービスを利用できます。支払う手間がなければ、支払っている実感もなくなります。

支払いはクレジットカードの場合が多いでしょう。支払った時期や金額は利用明細に書かれていたとしても、ほかの買い物に紛(まぎ)れて忘れられがちです。サブスクの利用は自動更新が多いので、解約しない限り「払い放題」は永久に続きます。

また、初月無料のキャンペーンも、しばしばおこなわれます。これに惹かれて会員になったものの、加入したことを忘れて会費だけ払い続けることがあります。

しかも、解約がスムーズだとは限りません。たとえば、月初めに解約しようとすると、月末までは使えると示されるケースがあります。そこで一時的に解約をやめたつもりが、そのことも忘れて継続し続けてしまうこともあるのです。

あるいは、解約を求める顧客に対して、継続した場合の会費を下げて解約を防ごうとする施策もおこなわれています。これだけ多様な解約引きとめ策をおこなうということは、売り手から見れば、サービスを利用することもなく、会費を支払い続ける顧客は、極上の顧客なのかもしれません。

「サンクコスト効果」と「認知的不協和」の影響

ではなぜ、人はサブスクを使い続けてしまうのか、行動経済学の観点で細かく見てみましょう。

サブスクに加入し、商品やサービスを利用し始めた当初は新鮮ですから、積極的に試すでしょう。どうせ定額のお金を支払うなら有効活用したい、という気持ちも働きます。送料無料や商品割引のサービスがあるなら、買いたい物を探しますし、映画の見放題ならば、いつもより時間を割いて鑑賞するでしょう。**このとき、少し無理にでも利用しようとするのは「サンクコスト効果」の影響です。**

すでに費やして二度と戻らないお金、時間や労力などを「サンクコスト（Sunk Cost）」と呼びます。サンク（Sunk）とは「Sink＝沈む」の完了形で、「沈んでしまって手元には戻らない費用」という意味です。

人は、サンクコストにこだわってしまいます。費やしたお金などを必要以上に重大なことだと考え、それがムダではないと思い込みたくなるのです。たとえば、食べ放題のレストランで、入場時にお金を払うと食べすぎてしまうのも、同じ理由です。

このサンクコスト効果が働くと、サブスクで払った費用がムダにならないよう、普段以上に商品やサービスを利用します。

しかし、無理は続かないものです。徐々に新鮮さも失われます。サブスクの商品やサービスを利用するペースは落ちていきます。それでも、定額の費用は毎月支払い続けることになります。

このとき、心の中には「認知的不協和」が生まれます。これは自分の選択や行動における正しさや一貫性を保てず、矛盾を抱えたときに感じる不安定な気持ちや不快感のことです（「認知的不協和」については第2章で詳しく説明します）。つまり、サブスクを使わなければムダだとわかっているけれど、利用する余裕や関心がないといった状態になるわけです。

そこで思い切って、サブスクを解約すれば、それ以上の損失はありません。ところが、これもまた簡単ではありません。この章で解説した「現状維持バイアス」が、心の中で働くためです。

これは、変化や未知のものを避けて、現在の状況に固執してしまうバイアスでした。今まで使えたサブスクが使えなくなることを損失と感じて、これを避けようとするのです。**すると「近いうちに利用するかもしれないから」とサブスクを継続することになります。**しかし、再び積極的に利用しない限り、認知的不協和は解消されません。心の中に矛盾が残ります。

不思議なもので、人は心の平安を保つために、イヤなことを自然に忘れる傾向があります。あるいは、日常の忙しさに紛れるなどにより、サブスクに加入していることを忘れてしまうこともあるでしょう。

結果的にその後も、ひたすら会費だけを払い続けることになるのです。

「安さ」に惹かれず、「支払っている」認識を持つ

行動経済学の知見からサブスク利用の心理を考えると、利用時の注意点が見えてきます。

第1の注意点は、当たり前のことですが「本当に利用する商品やサービスのサブスクを使う」ことです。

商品やサービスの買い手から見ると、そんなことは当然だと思うかもしれません。しかし、売り手は「本当に使うかどうかわからない」どころか、「明らかに必要のない」商品やサービスを売ることに真剣に取り組んでいます。

なぜならば世の中には、似たような商品やサービスがあふれかえっており、売り手は数限りない競合相手と顧客を奪い合っているためです。営業や販売の理想として「エスキモーに氷を売る」という言葉があるのも、その表れです。

したがって、使うかどうか明確ではないけれど、安さにつられて加入したサブスクは危険です。「これだけ使えばもとが取れる」という事前の見込みが正しいとは限りません。頻繁に使うはず、という予想も外れることがあります。

キャンペーンによる初月会費無料も危険です。キャンペーン期間だけのつもりで加入したものの、解約するのを忘れてしまうことがあります。

安さに惹かれているということは、対象の商品やサービスには、あまり必要性や思い入れを感じていない可能性もあるのです。するど、サブスクに加入していることも簡単に忘れてしまいます。会費だけを払い続けるという結果になりがちです。

サブスクにおける第2の注意点は、「商品やサービスを利用できて当たり前と思わない」ことです。同じ商品やサービスを習慣的に利用していると、それが当然のことになり、利用できる〞ありがたみ〞も薄れていきます。

普通、サブスクの支払い方は自動引き落としで、かつ契約は自動更新です。したがって、自分でお金を払って利用しているという認識が薄くなりがちなのです。

すると、何かの拍子に、その商品やサービスを使わなくなっても気になりません。支払っていること自体を忘れてしまい、解約が必要なことすら忘れています。こうして無意識のうちに「払い放題」の状態に陥るのです。

支払い状況は紙でチェックしよう

サブスクにおける第3の注意点は、「支払い状況をチェックする」ことです。サブスクの利用状況や支払い金額を確認し、解約忘れを防ぐのは重要です。通常の方法はクレジットカード利用明細の確認でしょう。

かつての明細書は、郵送で送られてくることが多かったのですが、最近はネットでの明細確認が標準です。逆に郵送の場合は、１００円程度の追加料金が発生する場合もあります。追加の支払いを避けるために、ネットでの明細の確認を選ぶ人も多いことでしょう。

ただ、支払い状況は紙の明細書で確認するのが、よりよい方法だと考えます。

一見、ネットでの確認は、スマホもパソコンも使えて便利と思われるかもしれません。しかし、少し考えてみてください。

日常生活の中で、自ら「ネットにアクセスして確認する」という行動は、意外に多いことでしょう。仕事の調整や飲み会の予定入力など、じつは膨大な数にのぼるはずです。これらの多くは、確認を怠ると生活が滞るため放置できません。

一方、クレジットカードの明細を見て、自分が使ったお金の使途や金額を確認することも非常に重要です。しかし、利用限度額オーバーといった極端な事態でない限り、放置しても日常生活に支障はありません。ゆえに軽視され、確認を忘れがちなのです。

ネットで明細を確認する場合はサイトにアクセスし、パスワードを打ち込むなどの手間が必要です。郵便なら開封するだけですし、なかも見ずに捨てる人は少ないでしょう。

また紙ならば、小さなスマホ画面では見にくい詳細な内容まで確認できます。

ゆえに、**すでに利用明細をネットで詳細に確認する習慣がある人以外は、紙の明細書での確認は効果的**です。これはサブスクに限らず、自分が支払っているお金すべてを管理するために有効と言えます。

「結局、捨てることになる紙の利用は、資源のムダづかいだ」という意見もあるでしょう。もちろん、地球資源の管理も重要ですが、同時に自分自身のお金の管理も重要です。

どんなときにサブスクを利用するべきか

ここまで、サブスクのネガティブな側面に注目し、注意点もあげてきましたが、言うまでもなくサブスクにはいい面もあります。**自分が確実に利用する商品やサービスがあり、それがサブスクで提供されているならば、ぜひ利用すべきです。**

たとえば、普段から実際に通い続けている飲食店のメニューが、サブスクで利用できるケースです。より安く利用できるうえ、その飲食店にとっては継続的な利益になります。買い手にとっても、お気に入りの飲食店が閉店してしまう、といった悲しい事態を避けることができるかもしれません。売り手と買い手の双方にメリットがあるのです

あるいは、パソコンのセキュリティソフトや、仕事中に聞き流す音楽などのサブスクも

いいでしょう。**利用を明確に自覚せず、無意識に利用しているサービスであっても、実際に使っているものならば損をすることにはなりません。**

その他、音楽や映像などのコンテンツに関する視聴し放題のサブスクには、別の価値があります。サブスクが生まれる前は、みんな自分が気に入ったＣＤやＤＶＤなどを、１枚１枚購入したものです。とはいえ、欲しいコンテンツをすべて買うわけにはいきません。

しかし、サブスクならば、一つひとつのコンテンツに払うお金を気にせず視聴できます。少し試して、気に入らなければ別のコンテンツを視聴するのも簡単です。

すると「未知のコンテンツとの出合いの機会」が格段に増えるのです。わざわざ買ってまで聴くことはなかっただろう曲や、タイトルだけで敬遠していた映画などを試すことができます。その結果、お気に入りを新たに見つけることもできるでしょう。これはサブスクを利用するメリットです。

じつは現代は「自分でも気づいていない、自らの嗜好や関心に気づく機会」が、どんどん失われています。個人向けの情報のカスタマイズ技術が進んでいるためです。

たとえば、自分のパソコンやスマホに表示されるニュースは、普段の閲覧傾向にもとづく個人の嗜好に合うように選別されています。ＥＣサイトでは、購入履歴にもとづいたリコメンド商品が表示されます。

このような状況下では、コンテンツとの出合いから自分の関心領域を広げることのできるサブスクには、価値があると言えるでしょう。

売り手が「払い放題」を放置しないメリットとは？

ここで、売り手にとってのサブスクについて少し考えてみます。

サブスクは、やり方によっては利益獲得に有効な仕組みだと言われています。したがって、導入にあたっては、まず「使い放題」のシステムを構築することに目が向くでしょう。

しかし「払い放題」であることの危険性については、後回しになっているかもしれません。たとえば、入会していることを忘れて、会費だけ支払っている会員への対処です。

基本的に、この状態に陥る責任は会員にありますので、売り手が責められることはありません。**しかし、売り手にクレームは入れないまでも、この体験をした買い手が売り手に抱く印象、たとえば企業好感度に与える影響は無視できません。**

恥ずかしながら筆者自身も、ＥＣサイトで「商品割引と送料無料」のサブスクに入会していることを忘れて、２年以上もムダな会費を支払い続けた経験があります。

健康食品を買おうと検索中に、そのサブスクを見つけ、多様な食品を安価に送料無料で買えるうえ、初月無料のキャンペーン中だったため入会しました。しかし実際の購入は、入会した月と翌月の2回だけで、そのまま忘れてしまったのです。ある日、気づいて慌てて退会しましたが、自分に非があるので誰にも文句を言えませんでした。

自分の愚かさを嘆きつつも、ふと「もしサービスを利用していないことを教えてもらえたなら……」という気持ちも、一瞬、芽生えました。

一応ECサイトに尋ねたところ「お客様の注文履歴をさかのぼって確認できますのが、1年前までの履歴となります」という返事でした。

ただし、取引のある顧客の注文履歴を保存するのは、ごく普通のことです。そこで売り手が、一定期間に取引がなく、会費のみ払っている会員にメールなどで注意をうながしたらどうなるでしょう。もちろん、会費を払い続けてくれる顧客を失う可能性はあります。しかし、そうした売り手のデメリットについては、買い手も想像できます。

したがって多くの買い手は、警告を与えてくれたことに感謝するのではないでしょうか。売り手が短期的な利益よりも、買い手への配慮を優先してくれたと考えるでしょう。**そこで生まれた好感度は、売り手の企業ブランドイメージを高めると考えられます。**

とにかく、ここで強調したいのは「払い放題」は、買い手のみならず、売り手にもデメリットを与える可能性があるということです。

もちろん、買い手が退会し忘れてムダな会費を払ったならば、それは買い手の注意不足によるものです。しかし、売り手がそれを防ぐことは不可能ではないはずです。むしろ、それを放置することは、長期的なデメリットにつながる可能性があります。

買い手の「払い放題」によって、売り手が「利益獲得し放題」となる構造は、よい売り買いとは言えません。ひいては、サブスクの普及や発展を阻害しかねない危険さえはらんでいるのです。

損しないポイント

使い放題が払い放題になっていないか確認を!

第2章

「損したくない」という人ほど損している

～「損した」と思うと、その2倍は「得した」気分が必要になる

セール時のまとめ買いは本当に得なのか？

お得なはずの「まとめ買い」で損していることも

「コストコに行くとテンションが上がる」という人は多いのではないでしょうか。コストコは、１９８３年にシアトルに生まれた倉庫型小売店です。日本には２０２０年12月時点で27店舗あります。

巨大な倉庫のような店の構造、運送後のパレットに載った状態で陳列された商品、一度に販売される商品の数やボリュームの大きさ、ホットドッグをはじめ本場アメリカの味が楽しめるフードコートなど、日本でよく見られる店舗とは異なる非日常的な雰囲気です。国内にいながら、外国で買い物をしているかのような気分が味わえます。

コストコの特徴は、まず価格が安いことです。大量の商品を売ることで、単価を下げています。また、管理や陳列にかかるコストを抑える倉庫形式なので、その分、商品を安くすることが可能です。

さらに、コストコは人々が買いたくなる、さまざまな仕組みを備えています。

たとえば、カートの大きさです。来店客は、国内の他店では見ることのできない巨大なカートを使って買い物をします。店内の通路が広いため、大型カートを操る余裕はあります。大きなパッケージの商品が多いので、確かに大きいほうが便利です。カートの大きさには、それなりの理由があるわけです。

しかし、このカートで少しずつ買い物をしても、なかなかスペースが埋まりません。**すると徐々に、カート内のスペースを余らせていることが不自然に見えてきます。**どうにかして埋めなければいけない気がしてくるのです。

その結果、商品をたくさん買いこんでしまいます。

一方、店内では何を買うべきか迷わないよう、品ぞろえも考えられています。

ビールのように好みが分かれる嗜好品は、さまざまなブランドがそろっていますが、赤ちゃん用の紙オムツのように、ブランドごとの製品特徴が似ている商品は、２ブランドのみ販売するといった具合です。

つまり、商品の種類は膨大にあるのですが、同じ種類におけるブランドの数は絞られているのです。これにより「迷った結果、買うのをやめる」という事態を防げます。

こういった、さまざまな利益をあげる工夫により、安い価格を維持することができるものと考えられます。

コストコに限らず、まとめ買いは、買い手が支払う金額を安くできるものです。

理由の一つは、輸送コストが下がることです。とくに通販の場合は、1個買っても10個買っても、宅配便で店から自宅まで届けるために、必要なガソリン代や人件費はあまり変わりません。まとめ買いする顧客に対しては省コスト分、割引することができます。

もう一つの理由は、売り手が収入を得るタイミングです。同じ200万円のモノを販売するにしても、最初に一括で200万円支払われれば、そのお金を運用することも可能です。また、請求や発送などの処理にかかる手間が減り、人件費も少なくなります。同じ金額を1年に10万円ずつ20年かけて支払われるよりも、利益を確保しやすいのです。

また、商品によっては、管理がリスクを伴うものもあります。たとえば、賞味期限がある食品などは売れる前に期限が切れ、廃棄せざるを得ない可能性もあります。

したがって、**まとめ買いしてもらったほうが、ムダを減らせるため値段を下げることができる**のです。

このように、まとめ買いは、関わる多くの人々の手間やコストを減らせます。安くなる理由も明確なので、安かろう悪かろうの心配も少ない買い方です。いろいろな意味で「いい買い物」だと言えるでしょう。

これら「低価格商品のまとめ買い」の特徴をあげていくと、いいことずくめのように思えるかもしれません。しかし、これが「ダメな買い物」になる可能性があるのです。

損することを恐れて、まとめ買いしすぎてしまう

最も注意すべきは、安いからという理由で、まとめ買いしすぎてしまうことです。

行動経済学の視点では、安く買える機会を、みすみす逃すことは「損失」ととらえます。**人は、同じ額の損と得であっても、損したときの悲しみや不満は、得したときの喜びや満足をはるかに上回ります。**ゆえに、損失を必要以上に避けようとするのです。

次ページの図は、ノーベル経済学賞を受賞したダニエル・カーネマンらによる、損失回避を表した「価値関数」のグラフです。

損や得と、それに伴う感情を曲線で表しました。グラフ上で右に寄るほど「得」で、左に寄るほど「損」だとします。上に行くと「満足や喜び」があり、下に行くと「不満や悲しみ」がある状態です。

得した状態で右に寄ると、満足が高くなって曲線は上へ、損をして左に寄ると不満が高まり曲線は下に向かいます。ここで同じだけの得と損で、満足と不満の違いがあるかを曲線で見てみましょう。

すると、不満が満足を大きく上回って2倍以上上になっています。同じだけの得と損ならば、不満のほうが大きくなることが、研究によって明らかにされているのです。

このように人は、目前の損失を回避しようとするものなのです。

【図3】損失回避を表した「価値関数」

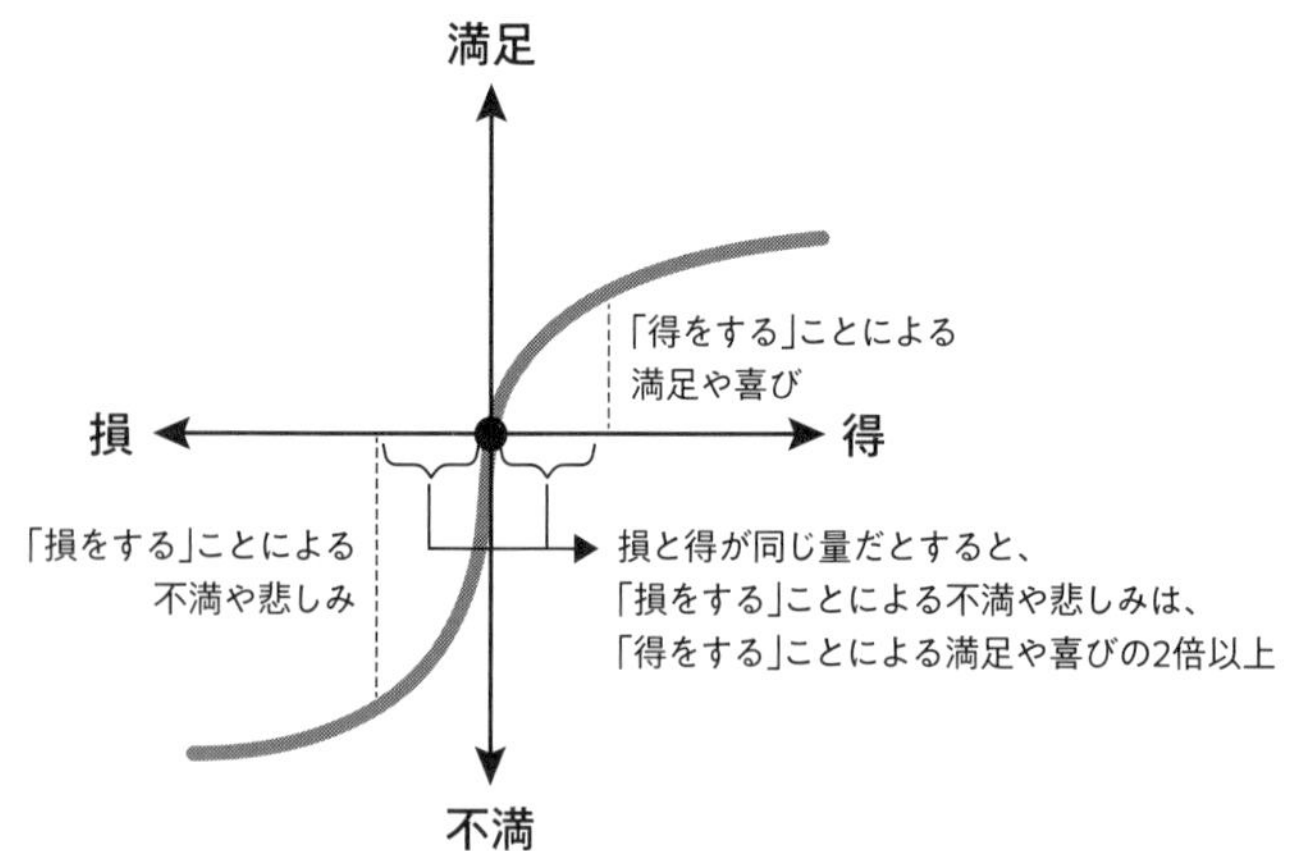

この心理が働くと、低価格商品を必要以上に、大量に買いすぎる危険があります。目の前にある「安く買えるチャンス」を逃すことを、人の脳は「損失」ととらえるからです。まとめ買いしすぎると、いろいろな問題が起きます。まず、ためこんだ商品は徐々に古くなっていきます。消費されて一瞬でなくなるわけではないので、保管する場所が必要になります。そのスペースは、必ずしも無料ではありません。家賃や地代という形で支払っていることでしょう。

とくに、地価の高い都心に住む人にとって、居住スペースを占有されることは、本来自由に使える空間のムダづかいです。

賞味期限がある食品の場合は、期限を逃したり、腐らせたりする可能性があります。洋服などの場合、しまい忘れて着るべきシーズンを逃すこともあるでしょう。虫に食われるなどによって、着られなくなることもあり得ます。

「損失回避」から「買わなきゃ損」と思わされる

では、買いすぎ問題を避けるためには、どうすればいいのでしょう。

大量のモノを安く買う、買い物のプロといえば企業の仕入れ担当です。生産に必要な原材料を購入する中で、損を減らし、得を増やそうとします。そこには、買いすぎの失敗を防ぐ知恵があるはずです。一般消費者も知っておいて損はありません。

企業間がまとめ買いで狙うのは「ボリュームディスカウント」です。たくさん買えば単価が下がるため、原価コストダウンにつながります。

とくに原材料の調達では欠品は許されないため、個人の場合以上に、多めに、早めに発注したくなるものです。しかし、企業にとっても買いすぎは、むやみな損失の原因になります。「在庫の量＝使ったお金の量」と考えます。

買ってしまったら終わりで、安く買えたからOKという考え方では、ムダなまとめ買いはなくなりません。買ったけれども使われていない「在庫」がある状態は、その分に支払ったお金が、単に積み上がっているものと考えるのです。

したがって、企業の財務チェックにおいては、倉庫に残った在庫の量も確認します。在庫を適正にするために、原材料を購入した後の生産から販売までの見通しをきちんとおこなうのです。一連の流れに関わる関係部門の連携をスムーズにし、在庫を減らします。

企業において、原材料在庫の量が適正かどうかは「必要なものを、必要なタイミングで、必要な量だけ買う」ことができたかを示すバロメーターです。

一般消費者の家庭においても、買ったけれど使われていない商品は、企業の不良在庫と同じです。**企業の購買から学べることは、買い物は単にお金を払って終わりではなく、買ったものの行方、管理まで含めて考えるべきだということです。**そうでなければ「ダメな買い物」になってしまうのです。

価格が安いと、ついたくさん買いたくなるものです。これを避けるための最大の注意点は、「損失回避」の心理が働いて「買わないと損」と感じる心理に注意することです。

次に、買う物やタイミング、保管場所、購入後の使用などについて、十分に考えて判断しましょう。これらをきちんとできるなら、安く買えるのはもちろんいいことです。どうせ同じ商品を何度も買うなら、まとめ買いすればいいのです。

その際は、賞味期限や、使用するまでのタイムラグを読む精度を上げることです。そうすれば、まとめ買いは「いい買い物」になるでしょう。

損しないポイント

使い切らない買い物、買った後を考えない買い物はしない

「安いから」で買うことが、そもそもおかしい

買うか否か迷っているだけで「損失回避」が働く

価格をどう決めるかは売り手の自由です。すぐに売れるように安くすることも、利益を多く得られるよう高くすることもできます。

同じ商品でも、売り手によって価格が違うケースもあります。もし、買える価格で商品が売られていれば、買い手にチャンスがあるということです。

さらに、**それが「安い価格」で売られているならば、それは買えるだけでなく、お金を節約して得をするチャンスが目の前にあるということ**です。みすみす買わずにいるということは、それを手放すことになります。

そこで、買うかどうか考えているうちに「損失回避」が働き始めます。自分が保有する機会に高い価値や愛着を感じ、失う事態を避けたくなります。

すると徐々に、安く買える商品が大事なものに思えてきます。場合によっては、その商品が本当に必要だったのか、欲しい商品だったのか、ということなど考えなくなってしまうのです。

このように、安さはダイレクトに心理的な影響を与えます。ゆえに**基本的には「安いから買う」という安易な判断は危険だと認識すべき**でしょう。

価格を見てから買うまでのあいだには、損失回避だけではなく、さまざまな心理が働きます。その関係についてよく知ることは非常に重要です。それによって、安いから買うべきかどうかの答えも見えてくるでしょう。

ここからは、商品の価格と買い物の関係について、さらに深く掘り下げてみましょう。

「安さ」を演出されて売り手の罠に陥る？

人は、安いかどうかを、どう判断するのでしょう。

じつは誰もが「参照価格」という判断基準を持っています。これをもとに、値段との比較をおこない、安いか高いかを判断します。

参照価格には2種類あります。

まず「外的参照価格」です。店頭に表示された「メーカー希望小売価格」や「当店通常価格」など、外部から見られる価格です。

一方、その人の心の中にある参照価格を「内的参照価格」と言います。過去の購入経験や、見聞きした販売状況、期待や願望などにもとづいた主観的な判断基準です。これらの参照価格との比較によって、高いか安いかが判断されます。

外的参照価格に関しては、基本的には売り手が自由に決めます。買い手が、これを高いか安いか判断する際に注意すべきは「アンカリング効果」です。

これは、最初に提示された数字などが基準となって、無意識にその後の判断に影響を与える効果です。アンカリングのアンカーは、船が停泊時に下ろす錨(いかり)のことです。この効果によって、まるで錨を下ろした船のように、初めの地点から離れられなくなります。その特徴は、まったく無関係な前提であってもアンカーになり得る点です。

ノーベル経済学賞を受賞した米国のダニエル・カーネマンは「国連に属する国における、アフリカの大陸にある国の割合」を聞く調査で、このバイアスを検証しました。

対象者を二つのグループに分け、前半のグループには「アフリカ大陸の国家が占める割合は65％よりも大きいか小さいか」と尋ね、後半には「10％よりも大きいか小さいか」と尋ねます。

その後、国連に占めるアフリカの国の割合を尋ねると、前半グループの回答の中央値（回答中の最高値と最低値の中間）は45％で、後半は25％でした。つまり、まったく意味のない「65」と「10」という値がアンカーとなり、回答が高くなったり低くなったりしたのです。

アンカリング効果は、買い物の場面においても影響を及ぼします。

たとえば、もとの値段が棒線で消されて、値引き額が書かれていることがあります。これはもとの値段をアンカーとしたアンカリング効果によって、安さを演出したものです。

買い手は、もとの値段の信憑性を判断できませんから、そこに差があるほどに安いと考えてしまいます。このような設定が簡単にできることからも、「安いから買う」という判断には注意が必要です。

「安かろう悪かろう」の決めつけも無理がある

アンカリング効果以外にも、買うべきかどうかに関する冷静な判断を妨げるノイズはいくつかあります。これまでの例は「安いから買う」という方向に誘導するものでしたが、逆に「安ければ買うべきではない」という方向にうながすノイズもあります。

たとえば、日本に昔からある「安かろう悪かろう」「安物買いの銭失い」といったことわざです。**安いから商品の品質が悪い、安い商品を買うと損をするという意味ですが、これらは鵜呑みにできません。**

まず、これらの言葉において「相関関係」と「因果関係」の混同が起きている可能性があります。

相関関係は、一方の変化に対応し、もう一方も変化するような関係です、因果関係は、一方が原因となって、もう一方の結果が生まれるという、相関関係よりも密接な関係です。

たとえば、子どもの学力テストと体力テストの点数を都道府県別で比較すると、学力が高いほど体力も高い傾向が見られます。

ここで、学力と健康に相関関係があったとしても、「健康になることによって学力も上がる」ことが証明できなければ、因果関係があるとは言えません。「安かろう悪かろう」に関しても、「安い」から「品質が悪い」という因果関係の証明は無理でしょう。

それどころか、安くて品質のいい商品も増えています。典型的な例としてユニクロのヒートテックがあります。すぐれた保温効果を持つ衣類が低価格で売られています。現代における技術の進化が、過去の常識を変えたと言えるかもしれません。

値段を購入のメイン基準にするべきではない

「販売の仕組み」の進化も、「安かろう悪かろう」と逆行する状況を生んでいます。

たとえば、１００円ショップでは、とても１００円とは思えない高品質で便利な商品が数多く並んでいます。


この業態では「レベニューマネジメント」と呼ばれる仕組みが取り入れられています。商品によって異なる仕入れ値と売り値をもとにして、総合的に利益を出す方法です。

売り値は同じ１００円でも、原価はさまざまです。店舗では多くの顧客が多様な商品を買います。その中で利幅の大きい商品と小さい商品のバランスを取り、最終的に利益を出すのです。

また、大手の１００円ショップは、店舗数が多く販売力があるため、大量発注により仕入れコストを下げることもできます。このように、商品一つひとつの値づけと離れた仕組みで利益を得る売り手が増えています。

その他にも、ソフトウェアなどの商品では「安い」どころか、基本的には「無料」でサービスを提供するケースもあります。「フリーミアム」と呼ばれる仕組みです。買い手は無料でサービスを使い始め、さらに深いサービスを望む場合は有料に移行します。一部の有料ユーザーが全体のコストをまかなったり、無料ユーザー向けの広告表示で収益を得るなどして、ビジネスを成立させています。

料理レシピのコミュニティサイト「クックパッド」、名刺管理の「Eight」、スマホでラジオ放送が聞ける「radiko.jp」などが有名です。これらは、ビジネスの仕組みの進化が「安かろう悪かろう」の常識を変えた例です。

商品によっては、価格が品質を表す目安になることもありますが、そこに確固とした因果関係はありません。

「安かろう悪かろう」や「安物買いの銭失い」という言葉は、あくまで「値段の安さに目を奪われて、品質を見極めることを怠らないように」という戒め（いまし）の言葉として理解すべきでしょう。「安い商品だから買うべき」とも「安い商品は買うのを避けるべき」とも、簡単には決められないのです。

つまり価格は、買い手が購買を決める際のメインの理由にしてはいけないと考えるべき

でしょう。あるべき判断は「安いから買う」ではなく「いい商品だから買う」または「必要だから買う」「欲しいから買う」などです。

自分に必要か、合っているかで決めよう

買うべきかどうかの判断において重要なのは、自分にとって価値があるかを見極めることです。その判断基準を「自分向きの商品であること」としてはどうでしょう。**世の中一般にとっていい商品かどうかではなく、あくまで自分自身にとっていいかどうかで判断するのです。**

じつは、この基準はむしろ、売り手側が意識しているものです。あなたが気づかないところで、売り手は「あなた向けの商品」に見せることにより売ろうとしています。

たとえば、自動車保険の広告で「年間走行距離1万km以下のあなたに」といったコピーがあります。この言葉によって、広くドライバー全体に呼びかけるのではなく、走行距離が少なく、事故率も低いドライバーに伝えようとしているのです。

ほかに「油っこい食事や、甘いものが好きな人へ」と広告で謳(うた)うサプリメントの広告も同じです。

また、デジタル広告においては、ある商品を検索した人だけのパソコン画面に、類似商品の広告を掲載します。これらはすべて、広く一般の買い手ではなく、ピンポイントで買ってくれる個人に到達しようとする試みです。

売り手は、買い手の日常行動、ニーズや好みなどを把握して、商品の購買につなげようと務めます。そのためにアンケート調査や、ネットのアクセス行動の解析もおこないます。

じつは、これらの行動は買い手自身が、よりよい買い物のために「自分向きの商品であるかどうか」を判断する作業と同じです。

自分自身の行動、ニーズや好みが明らかになれば、自分向きの商品かどうか判断できます。自分自身のことですから、当然、自分がいちばんよく知っているはずです。調査やデータ収集は必要ありません。自分の胸に手を当てて、よく考えるだけでいいのです。

自分自身を知ったうえで商品を見れば、本当に自分にとって必要な商品を見つけられます。その値段が適正かどうかは、その後に判断すればいいことですし、提示された価格で買うべきかの判断は買う直前にすればいいのです。

場合によっては、価格の判断において、複数の候補を比べて決めてもいいでしょう。ビジネス取引で買い手がしばしばおこなう「合い見積もり」です。同じ条件でいちばん安い商品を決めるのです。

このように考えていくと、単純に「安いから買う」という行動が誤りであることが、よくわかることでしょう。

損しないポイント

いくら安くても不要なものは不要。値段で決めない

「ついでにこれも」ではもう買わない！

「感応度逓減性」によって人は変化に慣れる

人は、何にでも慣れるものです。

ビールはのど越しの1杯目が美味しいと言われます。汗をかくほど暑い一日を過ごした後のビールは格別です。ただ、これも2杯目、3杯目と、お代わりを重ねるうちに、よほどのビール党でなければ、最初の美味しさを感じなくなるものです。

金融商品においても、最初の体験が、だんだん薄れることがあります。たとえば、初めて投資をした後は、値上がりや値下がりが気になって仕方ありません。最初は1万円減っただけでも、惜しくて仕方なかったものが、慣れるにつれて気にならなくなります。

カードローンでも同じです。初めて借りるときには罪悪感があったのに、何度も借り入れと返済を繰り返して慣れると、まるで自分の銀行口座からお金を下ろすかのように借りてしまう人もいます。

このように、喜びや満足において、また悲しみや不満において、その量が増えるにつれて、変化の感覚が鈍る傾向を「感応度逓減性（かんのうどていげんせい）」と呼びます。

98ページで「損失回避」を説明する際に用いた「価値関数」のグラフを、あらためてもう一度見てみましょう（次ページの図）。まず、変化の基準となる中心の点を「参照点」と呼びます。ここから出発して、右へ行くほど得をし、左に行くほど損をすると考えます。

すると、**損得の結果生まれる不満や満足を表す線が直線ではなく、曲線でできている**ことがわかります。中心からの変化を追うと、最初は変化が激しいですが、中心から左右に遠ざかるほどに、だんだんゆるやかになっていきます。

損や得が大きくなるほど傾きがなだらかに、つまり感じ方が鈍くなるのです。この曲線が、感応度逓減性を表しています。

グラフ上で50万円の損得を想定し、これらによって生まれる不満や満足を見ていきます。参照点では損得もゼロ、不満や満足の感情もゼロです。

まず右上の「得」を見ていきます。お金を持たない状態で50万円もらったときの満足は、ある程度大きいことがわかります。それと比べて50万円持っている状態で、さらに50万円もらったときの満足や喜びは、小さい範囲にとどまります。

左下の「損」においても、損と不満の関係は同じです。同じ50万円の損得であっても、0円から50万円の変化か、50万円から100万円の変化かによって、心理への影響は変わるのです。

もとの損得がゼロや小さいときは、小さな変化でも大きな心理変化をもたらします。

しかし、損得が大きくなると、不満や満足の変化も小さくなります。これは感

【図4】価値関数における感応度逓減性グラフ

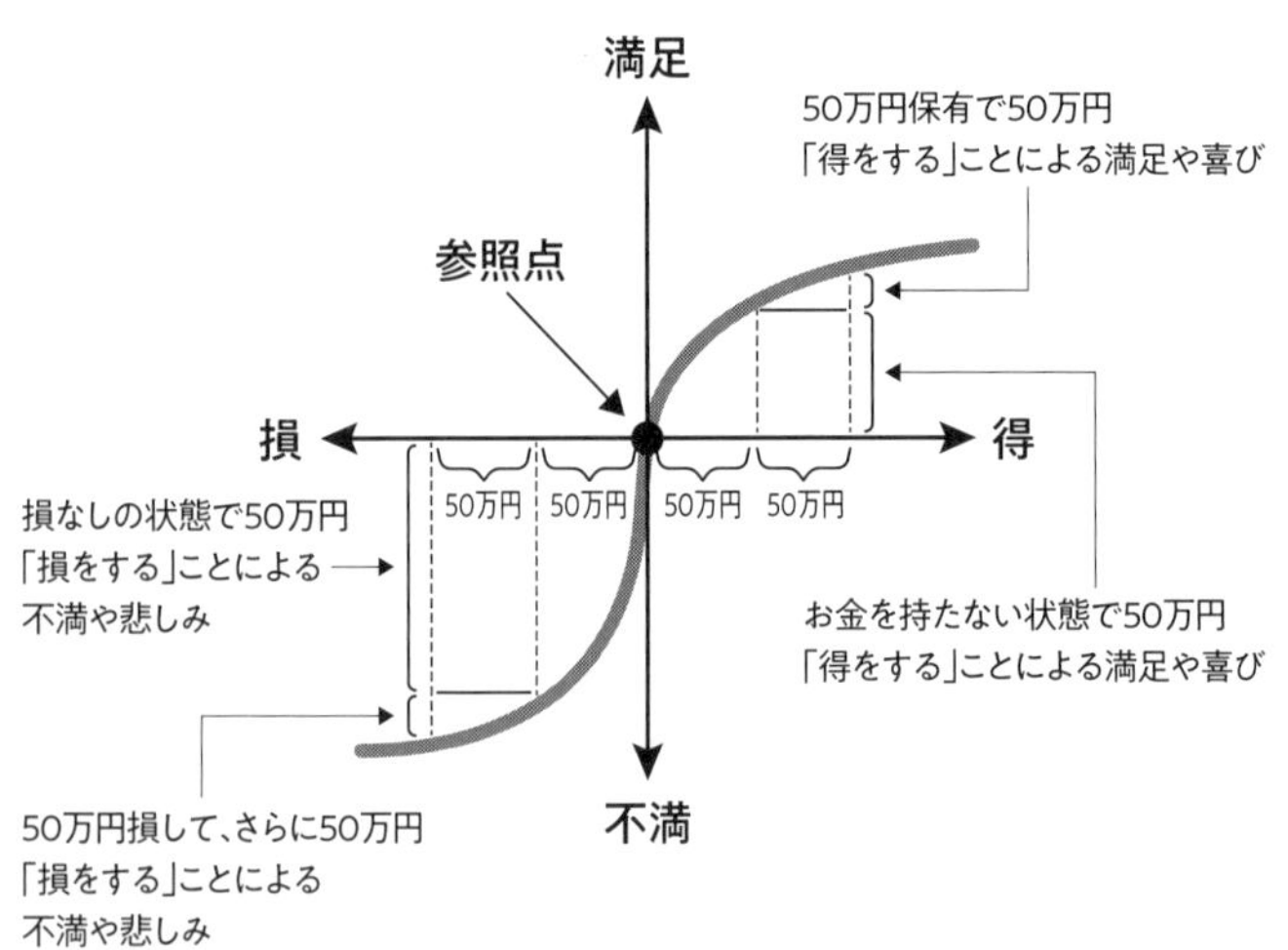

応度逓減性によって、変化の感覚が鈍った結果です。

日常的な例で考えてみましょう。スーパーでの買い物の場面です。

普段は２０００円の黒毛和牛の牛肉が、１０００円で売られていたとします。１０００円得するためならば、若干遠い店であっても出向く人はいるでしょう。あるいは、売り切れないように早めに出かける人もいるかもしれません。

これが車を買う場合なら、どうでしょう。通常３００万円の自動車が、２９９万９０００円で売られていたとして、わざわざこれを買うための努力を払うでしょうか。**金額が大きくなった状態での１０００円の損得が心理に与える影響は、ごくわずかです。**１０００円しか違わないなら、どこで買っても構わないと思う人は多いことでしょう。

ただし、それが牛肉であれ車であれ、１０００円の損得が財布に与える影響は同じです。

新たな損には厳しくても「ついで」では許せる

このほかにも、感応度逓減性は、お金の使い方に影響を与えます。

交通違反の罰金を例に考えてみましょう。仮に、続けて２回違反をしたとします。最初の違反で４万円の反則金を支払いました。その直後に再び違反をして２万円払います。このように2回にわたってお金を払い、損をすることで心は痛みます。

このとき、もし一括で6万円支払った場合はどうでしょう。価値関数で見ると、2回にわたり別々に払う場合は、その都度、気持ちは参照点に戻ります。

つまり、ゼロから4万円損する痛みがあり、その後に再度、ゼロから2万円損する痛みがあるわけです。2回の痛みが繰り返され、重なります。

これら2回分の痛みの合計は、一度に6万円を支払ったときの痛みを上回ります。価値関数のグラフで表されるように、一度に失う金額が大きくなるほど、左下に向かう曲線の傾き（損した金額に伴う不満の増し方）がゆるやかになるためです。**損失の場合は、何度かに分けるよりも、まとめて一度に損したほうが痛みは小さく収まります。**

この心理は買い物にも影響します。

たとえば、複数の商品を買って、都度支払うよりも、複数の商品の代金をまとめて払うほうが、お金を支払う、つまり損をするときの痛みが小さいことになります。

支払額が大きいのに痛みが小さければ、お金を気軽に支払ってしまうことになりかねません。つまり「まとめ払い」は、損をしやすい心理状態につながるのです。

たとえば、300万円の自動車を買う場合を想定しましょう。純正のカーステレオはついているけれど、10万円追加で支払えば、新型で音のいいカーステレオをつけられるとします。この場合、すでに３００万円のお金が失われる損は確定しているため、３００万円支払いが３１０万円の支払いに変わるだけと理解されます。**３００万円の痛みが大きいため、追加の10万円の痛みは、さほど大きいものではありません。**

もし、カーステレオを取りつけるのが、新たに買う車ではなく、すでに所有している車だったらどうでしょう。音をよくするためとはいえ、いきなり10万円を失う痛みは小さくはありません。多くの人は、よく考えてから購入を決めることでしょう。

このように、同じ10万円の出費であっても、まとめ払いによる感応度逓減性の影響を受けると、財布のひもがゆるくなるのです。

「お得感」を細かく分けて買わされている？

この心理を、逆手に取る売り手もいます。テレビの通販番組です。

たとえば、通常価格が５万円の掃除機を売っていたとしましょう。初めは吸引力や静音性など、商品の高い機能を声高に説明します。そのうえで、まず「通常５万円を４万４０００円で！」というように値下げ額を示します。

しかし、商品の売り込みは、ここで終わりません。続けて「今なら、この掃除機に2500円の交換用バッテリーを無料でおつけします！」といったアピールをします。視聴者は、さらなる得があると聞いて買いたくなります。

ただ、まだ売り込みは終わりません。さらに「本日限り、なんとゴミ用カートリッジ、1500円分もつけます！」などと、畳みかけるようにおまけをサービスするのです。

このような売り方を、あらためて考えてみましょう。

仮に、掃除機本体とバッテリー、カートリッジをすべて買ったとして、5万4000円が4万4000円になることによる「1万円の得」があります。

しかし、通販番組での、何回かに分けた「得する感」のアピールへの反応は「1万円分の得による満足や喜び」に止まりません。最初の値下げによる6000円の得、バッテリー無料による2500円の得、カートリッジ無料による1500円の得というアピールにおいて、その都度「参照点がリセット」されているのです。

つまり「これだけ得するのか」と思った後に、あらためて「さらに、これだけの得がある」ことを知るのです。それが繰り返され、得する満足への期待感が重なった結果、単なる1万円割引の期待感を上回ることになります。

これは「まとめ払い」によって、損に伴う痛みが弱まる場合とは逆の現象です。「細かく分けた得が、一度の得を上回る満足を与える」のです。

これらは、人の判断に対して心理的バイアスを与え、反応を狂わせます。値段や費用を正しく見極められなくなり、ムダな買い物をしてしまうのです。

損得をまとめるか分けるか、状況に応じて判断

感応度逓減性による「度合いが高まる刺激や、働きかけを受けた場合に生まれる慣れ」に関して、心理学においても、行動経済学と似た角度から分析がおこなわれています。**「馴化（じゅんか）」という現象をご存じでしょうか。簡単に言うと脳における反応の低下です。**

典型的な例は、花火の音への反応です。１発目の大きな打ち上げ音に驚いたのに、何発も続くうちに気にならなくなります。電車の揺れ、雷の音などへの慣れも同じです。最初に感じた危険に対して、徐々に、危険ではなく、反応する必要もないことがわかると、反応しなくなるのです。

これは、人間が進化する過程で獲得した、一種の能力だとも考えられます。太古の人間は、新しい物事に対し、初めは注意を向けて、それが自分にとって有益か、あるいは安全

を脅かす脅威かを見極めました。これが外敵を避けるために、また新たな食べ物や飲み物の発見などにおいて役立ったのです。生き抜くために必要な性質だったわけです。

しかし、同じ刺激に対して、繰り返し同じ反応をしていては、物事に素早く反応することができなくなります。注意が不要だとわかれば反応を低下させる、すなわち慣れていくことが必要だったのです。

馴化や感応度逓減性は同じく、無意識に起きる反応や行動です。これらは一種の、人の本能といっていいでしょう。

つまり、感応度逓減性による買い物時の感覚のズレは、簡単には修正できないことが、おわかりになるでしょうか。それが大昔には、生き延びるために必要な行動だったからです。それが現代では生活には合わない、あるいは不合理な行動になっています。したがって、ズレを直すためには、無意識に起きる本能的な反応を制御しなければならないのです。これをおこなうのは容易ではなく、正直、簡単で抜本的な対策はありません。

しかし、最初におこなうべき行動は明白です。まずは、行動のメカニズムを知ることです。

本能は、いわば自分でも意識していない「自分を動かすプログラム」です。はるか先祖の時代から、自分の脳内にプログラムされ続けてきた行動のパターンやクセを認識し、理解するのです。そのうえで、必要に応じて自分自身でプログラムを書き換えます。

買い物の場合は、損や得を、まとめるべきか分割すべきか、状況に合わせて判断するべきでしょう。自分の目の前に提示された状態を、何も考えずに受け入れてしまうのは危険です。

ここで紹介した感応度逓減性も含めて、行動経済学を通じて得られる重要な知恵の一つは「人の本能に対して、自覚的に対処することが必要だ」ということです。

人の不合理さを正すのが難しいのは、その多くが、はるか昔から身についた本能から生まれているからです。しかし原因や理由を知れば、対処法はあるはずです。まずは、自分の不合理さに気づき、その仕組みを知ることから始めましょう。

損しないポイント

セットで買うと損に対し鈍感になる。「ついでに」で買うのは要注意

「食べられないブドウ」は酸っぱいに違いない

なぜすでに買った商品のことを調べるのか？

高価な買い物をした後に、この買い物は正解だったのか、と不安になったという経験を持つ人は多いことでしょう。

自動車の広告をいちばん熱心に読むのは、その車を買おうとする顧客ではなく、すでにその車を購入した顧客だという説もあります。また、自分が通販サイトなどで買った商品が、購入後に「売り切れ」状態になっているのを見ると、安心する人もいます。

一方で、ネットや雑誌などで、自分が買った商品が批判されている記事を見つけても、あまり真剣には読まないでしょう。あるいは逆に、その記事が誤りであることを期待しながら読むかもしれません。

人は買い物をした後、その購買が間違いではなく、正しい選択だったという確信が欲しくなります。高額の商品であれば、なおさらです。自分が選んだ車がいいものだと主張する広告を見れば、自分の判断が正しかったと再確認できます。自分が買った商品が売り切れるほどの人気商品だったとわかれば、自分がいい選択をしたと信じることができます。

こういった思考には、人の無意識が影響しています。人は意識しなくとも、つねに論理的でありたいと思っています。自分の選択や行動において、正しさや一貫性を持ちたいと考えているのです。これを「一貫性の原理」と言います。

それでも一貫性が保てず、心の中に矛盾があると、気持ちが不安定になります。この状態や、そのときに感じる不快感を「認知的不協和」と呼びます。

この不快感から逃れるために、人は自分自身を無理な理屈で納得させることもあります。無意識に認知的不協和を解消しようとするのです。

「認知的不協和」を強引に解消したキツネ

認知的不協和は、1950年代に、米国の心理学者レオン・フェスティンガーによって提唱されました。この心理を表す有名な例として、イソップ物語の「キツネと酸っぱい葡萄」があります。

キツネは、高い木の枝に生ったブドウを食べたくなりました。しかし、跳び上がって取ろうとしても、ブドウには届きません。そこでキツネは**「あのブドウは酸っぱくて食べられないに違いない」**と言って、去っていきます。

ブドウが食べたいけれど食べられないキツネは、認知的不協和の状態にあります。これを解消するために、あのブドウには食べる価値がないから食べるべきではない、と考えます。自分の行動が正しいと思い込もうとするのです。

フェスティンガーは実験によって、この心理を検証しています。

まず、実験参加者をAとBの二つのグループに分けて、両グループに「シャベルで土をすくう」という単純作業をおこなわせます。

作業が終わった後、次の参加者に対して「いかにこの作業が楽しいか」を伝えるように指示しました。

このとき、Aグループには十分な報酬を与え、Bグループには作業量に見合わない少額の報酬を与えました。

実験の結果、作業の楽しさを上手に伝えたのは、十分な報酬をもらったAグループではなく、報酬の少ないBグループでした。これは認知的不協和による影響です。

Bグループは「報酬も少ない単純作業をした」にもかかわらず、「その楽しさを伝達しなければなりません。ここで生まれる認知的不協和を解消するために、「作業は楽しいものであったかもしれない」と強く思い込みました。その心理状態の中で、作業自体の楽しさを一生懸命に見出し、伝えたのです。

逆に、Aグループは十分な報酬に満足できたこともあり、認知的不協和は働きません。無理に作業自体の楽しさを見出す必要はなかったため、Bグループほどには上手に伝えられませんでした。

このように人は、無意識かつ自発的に、認知的不協和を解消しようとするのです。

「自分へのご褒美」も認知的不協和の影響

認知的不協和は、さまざまな形で働きます。また、何かの行動の前に影響することもあれば、すでにおこなわれた行動に対して働くこともあります。

行動する前に影響する例に、コロナ禍における自粛下の外出があります。

自粛に疲れて外に出かけたいと思う一方、ウイルスの拡散につながる外出は、社会的にも正しくない行為だと罪悪感を抱きます。この認知的不協和を解消するために、必ずウイルスにかかるわけではない、気をつければ大丈夫などと考えます。あるいは、ストレスで病気になるよりマシだとも考え、出かけてしまうのです。

また、津波など、自然災害の警告があったにもかかわらず、避難しないのも同じです。災害は恐ろしいけれど、避難するのは面倒ですし、時には警報が誤ることもあります。こういう状況で、「津波が来る可能性があるのに避難しない」という矛盾を解消するために、「津波は来ない」あるいは「来たとしても危険ではない」と思い込むのです。

さらに、健康に悪いことがわかっていても、煙草がやめられない人の心にも認知的不協和は働いています。喫煙者は、自分の矛盾を解消しようと「煙草はストレス解消に有効であり、やめなくていい」などと思い込むのです。

買い物においては、高価なブランドものが、どうしても欲しくなったケースなどが考えられます。こんなに高いものを買っていいか悩み、その商品を買う理由を一生懸命に探します。頭の中で「たまの贅沢だ」「自分へのご褒美だ」などと考えを巡らせるのです。

また、安いと知って買いに行った商品が値上げされていた場合にも、認知的不協和は働きます。早く来ていれば安く買えたはずなのに、今は高い値段を払わないと買えないという状況に悩み、時には買わないという結果に至るのです。

購入後に失敗に気づいても認められない心理

逆に、何か行動を起こした後で、認知的不協和が働くケースもあります。たとえば、給料が安いうえに辛い仕事を続けている人のケースです。

仕事を続けながらも、心の中には認知的不協和が存在し続けています。すると、この人は「仕事が嫌いなら続けているわけがない」と考え、さらに「自分はこの仕事が好き」と考えます。給料も安く辛い仕事だけれど、働き続ける自分の行動が正しいと思い込むために、矛盾を無理やり解消するのです。

また、わざわざ新潟まで旅行に行き、楽しみにしていた日本酒を飲んだ人がいたとします。この人が、おいしくないという感想を抱く可能性は低いです。

なぜなら「お金と時間を使って米どころの新潟まで来たのだから、日本酒はおいしいに決まっている」と思い込むからです。

宝くじを買った後に、買う前よりも当たりそうな気がすることがあります。この状況においては、宝くじを買ったという事実と、当選できずにお金をムダにする可能性が、ともに存在します。

その結果､心の中に認知的不協和とストレスが生まれます。これを解消しようとして｢宝くじが当たる」という可能性を信じようとするのです。

買い物の例としては、何かを買ってしまった後、失敗に気づくケースがあります。たとえば､高価なブランドのバッグを買った後､｢値段が高すぎたかな」と思っても「このバッグには値段に見合う価値がある」と信じ込みます。

買った服のサイズが若干合わないことに気づいた場合も、ミスに気づかなかった自分の行動を認めにくいものです。「別におかしくはない」と自分に言い聞かせて、無理に着ることでしょう。

「一貫性の原理」を活用する営業マンのやり口

先ほどは「安いから買う」ことの誤りについて解説しました。

理由として、価格と品質が対応するとは限らないこと、買いたくなるように価格が仕掛けられている可能性があることをあげました。

さらに、安さと品質のあいだに相関関係があったとしても、因果関係はないと述べました。**ここであらためてつけ加えますが、「安いから悪い」と限らないのと同様に、「高いからいい」とも限りません。**

認知的不協和の影響を受けると「高いからいい」と思って買った場合に、その失敗を反省できない危険があります。よくない商品に高い金額を払った自分を認められません。この矛盾を解消するために、「高い商品はいいに決まっている」と思い込むのです。

高い金額を払った場合だけではなく、買うために一生懸命に探す努力をした場合も、認知的不協和は働きます。自分の費やした労力が、無意味だったと認めることができません。正しくその商品を評価せず、価値があると思い込む可能性があるのです。

これら多くの事例で示されるように、人は行動の後であっても、自分の努力や負担を正当化しようとします。時には、最初の自分の行動が正しいと思いたいばかりに、自分に不利な行動を重ねてしまうケースもあります。

「フット・イン・ザ・ドア」という交渉テクニックも、この心理を応用したものです。これは、小さな頼みごとを承諾させてから、徐々に大きな頼みごとを承諾させていく手法です。営業マンが顧客の家を訪れて、商品のセールスをする際などに使われます。

フット・イン・ザ・ドアという言葉は、営業マンが足を玄関に入れる動作が由来と言われています。まずは玄関を開けてもらい、話を聞いてもらうことから始め、次に試用へ、最後は購入へ、とエスカレートさせていくのです。

この手法がうまくいくのは、買い手の心の中に、一貫性の原理が働くからです。最初にドアを開け、話を聞いた後に、手のひらを返すように断る行動は、一貫性の原理に反します。買い手は認知的不協和を避けようとして、営業マンの言葉を受け入れ続け、最後には購入せざるを得なくなるのです。

認知的不協和の不快感は今後につながるアラート

認知的不協和とは、矛盾した状態であり、また、そこで感じる不快感です。

しかし、この心理が働くのは悪いことだと、一方的に決めつけることはできません。たとえば、買い物の前に認知的不協和を感じるということは、その買い物が正しいかどうか自信がないことの表れです。

そこで矛盾を感じる人は、衝動買いしてしまう人よりも、ムダづかいをしない可能性があります。矛盾があることに気づけば、対応ができるからです。

認知的不協和による不快感は、判断を誤る可能性があるときに発生する、一種のアラート（警告）**と考えるべきかもしれません。**

そこで行動を止めず、矛盾を無視し、不快感から逃れようとすると誤った結果に至るのです。アラート後に、つじつま合わせで自分を納得させるのではなく、買うべきかどうかを再考するのがベストでしょう。

一方、購入した後で、認知的不協和を解消しようとする心理も危険です。誤った買い物を正しかったと理屈づけしてしまうと、間違いを繰り返すことにもなりかねません。

ここで生まれる不快感は、過去の自分を無理に正当化しようとしているアラートでもあるのです。あらためて誤りを検証するのがベターです。

これらのことからわかるのは、認知的不協和が悪いわけではなく、そのアラートを無視することや、なかったことにするのがよくないということです。

また、認知的不協和が生まれる原因について、理解しておくことも大事です。「つねに自分は正しい行動をする」と思い込むと、矛盾に気づきません。

人は完璧ではありませんから、判断を誤ることもありますし、不合理な行動をすることもあります。そんなことはわかっている、と言う人であっても、自己正当化しようとする可能性はあります。なぜならば、認知的不協和の心理は無意識に働くためです。

むしろ、自分の矛盾も認めるべきです。買いすぎなければ、買い物でストレスを解消するのもいいかもしれません。買った後に失敗したと気づいたら、あきらめつつも忘れないことで、次の失敗を防げるでしょう。

自分の正しさを信じすぎることが、いちばん危険なのです。

損しないポイント

「不快なアラート」を無視しないで！

衝動買いして結果的に得することはあるか？

今すぐ欲しいという心理に働く「時間割引率」

次ページの「ビジネスパーソンの疲れとストレスに関する調査」をご覧ください。ビジネスパーソンが「ストレスが溜まりすぎたときに、思わずやってしまったこと」ベスト５において、１位は「やけ食いした」(27・9％)、２位は「お酒を飲みすぎた」(21・9％)、３位は「買い物で散財しすぎた」(19・8％)、４位は「号泣した」(17・2％)、５位は「家族に暴言を吐いた」(11・8％)という結果です。

ストレスが溜まりすぎた状態での「買い物」は、予定にもとづく行動ではないでしょうから、「衝動買い」と考えられます。

過食、飲酒、号泣、暴言といった行動と並んで、衝動買いは、ストレスが限界に至ったときに起こしてしまう行動の一つです。読者のみなさんも、経験があるかもしれません。

買い物の行動は、大まかに「計画購買」と「非計画購買」に分かれます。事前に品質や価格などを調べ、十分な準備をしておこなう買い物は「計画購買」です。「衝動買い」は、買う

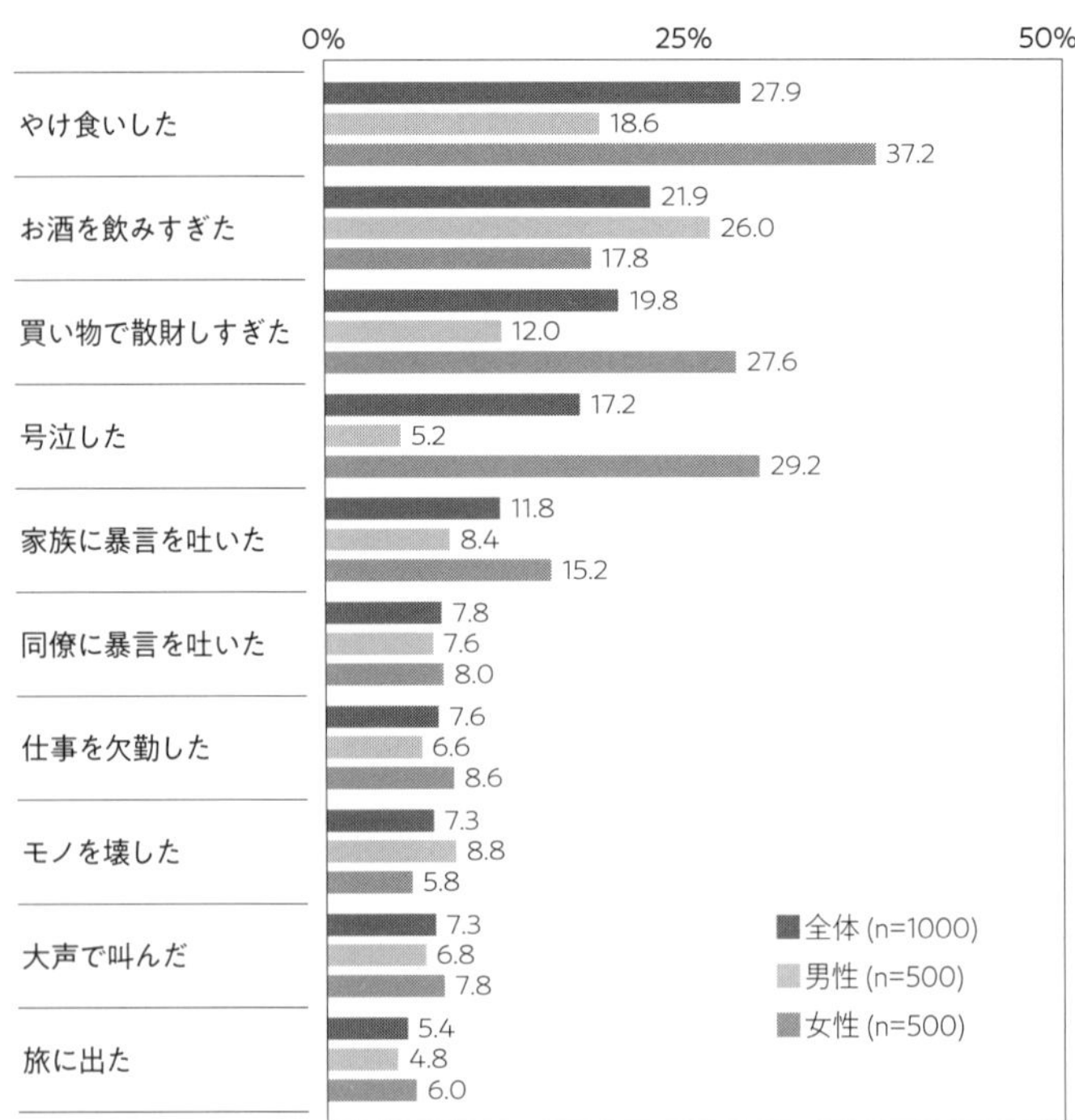

【図5】ビジネスパーソンの疲れとストレスに関する調査

予定はないのに、思いつきや一時の欲求にしたがって、よく考えずに買ってしまう「非計画購買」の一つです。**衝動買いのような、買いたくなったときに我慢ができない心理には、行動経済学における「時間割引率」が関わっています。**

もし、何か価値あるものを手に入れるならば、早いほうがいいと考えるのは万人に共通する心理でしょう。先延ばしすることにより、何らかの障害が生じて手に入らなくなるリスクは、ゼロではないのですから。

言い換えると、すぐに手に入るのならば、その物の価値は高いことになります。逆に遠い将来まで手に入らないのならば、価値は低くなります。手に入るタイミングにより、人が感じる価値は変わるのです。

将来、手に入る場合の価値が、現在、手に入れる場合の価値と比べて、どのくらい低くなったか（割り引かれたか）を示す率が「時間割引率」です。仮に「1年後に1万円もらうくらいなら、9500円に減ってもいいから今すぐ欲しい」と考えたならば、1年後の1万円の価値は500円分割り引かれたことになります。

時間割引率は人によって、また状況によって変わります。9000円に減ってもいいから今すぐ欲しいと思う人もいれば、それだけ減るならば1年後まで待つという人もいるでしょう。また、9000円でなく9800円ならば、金額が減っても今もらうという人は増えるでしょう。

待つことができる人は、9000円に減っても今すぐ欲しいという人よりも「時間割引率が低い」人です。時間割引率が低い人は、自制心が強い人と言えるかもしれません。逆に高いのはせっかちな人です。

衝動買いを防ぎたい人は時間割引率を意識して

さらに「現在志向バイアス」も影響しています（「現在思考バイアス」については、本章で後ほど詳しく説明します）。人は目の前にある事柄を実際以上に評価してしまうのです。現在志向バイアスは時間割引率にも関係していて、この影響を受けやすい人は、時間割引率が高い人だと考えられます。

たとえば、今の酒や煙草を楽しむことに、将来の健康よりも高い価値があると考えてしまう人です。ほかに「夏休みの宿題のやり方」でも時間割引率を判別できます。宿題を早く終わらせ、夏休み後半をのびのび過ごそうとする人は、将来の時間の価値が高いと判断する人です。つまり、現在志向バイアスの影響を受けにくく、時間割引率が低い人です。

逆に、先に遊ぶよりも今すぐ遊びたいと考えて宿題を後回しにする人は、現在志向バイアスの影響を受けやすく、時間割引率が高い人です。

では、買い物で考えるとどうでしょう。先まで我慢するのでなく、今すぐ手に入れようとする買い方が衝動買いです。したがって、衝動買いをしやすいのは時間割引率が高い人と考えられます。あなた自身はどうですか？

普段、時間割引率を意識することはないかもしれません。ただ、**もし自分が、せっかちすぎるとか、我慢強くないと思うのであれば、自身の時間割引率を意識するといい**かもしれません。時間割引率が低い自分になるよう想像するのです。

「今やりたいことや欲しい物は、本当に今でなければダメなのだろうか」「先になったとしたら、大きく価値が下がるのだろうか」と自分に問いかけるのです。

自分の目の前にあるものから、一度、目をそらして考えることにより、衝動的な買いたい気持ちを抑えられるでしょう。

そもそも衝動買いは悪いことなのか？

さて、ここまで衝動買いは、あまりよくない行動であるかのように述べてきました。

もちろん、衝動買いによって、お金を使いすぎたり、不要な物を買ってしまったりするのはよくないことです。

しかし、じつは衝動買いは、絶対的に悪い行動ではないと私は考えています。衝動的に買ったからといって、すべての買い物が誤りであるとは限らないのです。

買い物というものは、何かを買ってしまえば、すべてが終わるわけではありません。買った時点は、買った物を実際に利用する時間の始まりです。

その買い物がよかったか悪かったかは、利用した結果で判断されるべきです。事前にきちんと計画を立てて買う場合でも、失敗はあります。逆に、衝動買いで買ったとしても、利用した結果が満足ならば、それは悪い買い物ではなかったと言えるのです。

このように買い物の「結果」は重要なのですが、買い物の「過程」における満足も無視はできません。

そもそも買い物は単に、必要なものを調達するためだけの行動ではありません。買い物すること自体が人にとっての楽しみであり、心理的な快楽です。

望むモノやコトを探して手に入れる行為、自分の暮らしや人生に役立つ何かを見つけ出す行動は、もしかしたら生きる糧（かて）を得る狩猟行為などにも通じるかもしれません。

買い物が快いからこそ、冒頭のデータで紹介したように、ストレスが溜まりすぎたときに、思わず衝動買いをしてしまうのでしょう。買い物の楽しさがストレスを中和してくれるのだと考えられます。

ストレス時の衝動買いは、家族への暴言より害はありません。健康を損なう過食や飲酒よりも、マシな行動と考えてよいでしょう。

であれば、金額や頻度が過度になりすぎない限り、ある程度は認めてもいいとも考えられます。

買い物のプロセスをコントロールしよう

最も重要なことは、買い物が、利用まで含めて最終的に満足して終わることです。そのために、買い物のプロセスを自らコントロールできれば理想的です。

プロセスの中心は、情報収集や、買うかどうか判断するまでの検討作業です。簡単に言えば、買おうとする商品について、よく知り、よく考えることです。

当たり前のように聞こえるかもしれませんが、人は意識せずかたよった思考をしてしまいがちです。情報もないまま、ひたすら悩むことがあるかもしれません。

また、商品のことがわかってきたけれど、欲しいかどうかわからなくなってしまうこともあるでしょう。

そのような事態を避けるために、マーケティングにおける知見「ＡＩＤＭＡ理論」を活用してはどうでしょう。１９２０年代の米国において、販売や広告の実務書著作者だったサミュエル・ローランド・ホールによって提唱された概念です。

これは、買い手の購買決定プロセスを説明するためのフレームで、Attention（注意）、Interest（関心）、Desire（欲求）、Memory（記憶）、Action（行動）と、以上の単語の頭文字を取って構成されています。

この理論は、マーケティングに携わるビジネスマンなら、ご存じの方が多いかもしれません。しかし、一般の人にはあまり知られていないでしょう。

本来はビジネスで、売り手が買い手の意識や行動を分析し、販売戦略を組み立てる際に活用する理論です。商品を売るために、注意を引き、関心を持たせ、欲しいと思わせ、記憶させて、店頭に向かわせて購買行動に至らせるステップなのです。

売り手が使う場合は、このフレームをもとに販売促進の戦略を構築します。

たとえば、商品におけるどの特徴をアピールすれば注目されるか、どんなイメージをつければ欲しいと思ってもらえるか、どのような売り場にすれば買いやすいかなど、施策同士の関連を考慮しながら組み立てるのです。

「AIDMA理論」を活用して買い物の質を上げる

ここでは「ＡＩＤＭＡ理論」を、買い手側が自分の行動をコントロールするために活用することを提案します。よりよい買い物をするため、意識的に活用するのです。

まず、自分が注意を引かれ、関心を抱いた商品について調べていきます。知識が増えるとともに、自分が本当に欲しいかどうかがわかってきます。

もし欲しくなれば、自然と記憶に残ることでしょう。最終的に買おうと決心したならば、実際にどこで買えるか、いくらで買えるかといった、現実的な情報を手に入れて購買に至るわけです。

このプロセスを経る中で、自分が目を引かれた商品にはどんな特徴があるのか、類似商品はあるのか、どこで買えばいい条件で入手できるか、といった有用な情報を得ることになります。

この情報収集の過程で、注目すべき商品か、関心を持つに足るか、本当に欲しいのか、といったことも自然に考えるはずです。

じつは必要がなかった商品だったとか、さほど欲しくなかった商品だったと気づくこともあります。一時的に盛り上がった気持ちがおさまって、冷静に判断できるようになるのです。プロセスの途中でストップした場合、実際に買うほどの価値はなかったのだと判断していいでしょう。

欲しい商品の情報を調べて買おうと判断しても、価格や付帯サービスなどの条件が悪く、実際の購入を保留することもあるでしょう。それでも一度、情報収集しておけば、何かの拍子に好条件を見つけて、即座に買うことも可能です。

その場合、傍(はた)から見ると衝動買いに近いかもしれませんが、情報収集のプロセスを経ているので悪い買い方ではありません。**買うまでに至るプロセスを大切にすることで、最終的に満足できる買い物につながります。**

ただし、若干時間はかかりますので、すべての買い物で、こうしたプロセスをたどるのは無理があります。

買い物の中でも、よりよい商品、より自分に合う商品を探し回って買う「買い回り品」の場合に活用するのがいいかもしれません。たとえば、車、パソコン、家電などです。

逆に、買いやすい近所での購買が多い「最寄り品」と呼ばれる商品の場合は、時間をかけて調べても発見が少ないかもしれません。典型的な商品は、洗剤、石鹸、歯磨きなど、機能がシンプルで、メーカーやブランドごとに違いが少ないからです。

結論として、衝動買いが単純に悪いわけではありません。ただし人の心理には「時間割引率」が影響することを認識しておく必要があります。**もし、自分自身の時間割引率に問題があると感じるならば、これを低くしていくよう試みるのがいいでしょう。**

繰り返しますが、買い物において重要なのは、最終的な利用まで含めての満足です。買い方という入り口が衝動的であっても、買った物に間違いがなければ大丈夫です。

そこでの間違いを減らすためには、ある程度の時間や手間が必要になります。自分なりにメリハリをつけて、重要な買い物においてはＡＩＤＭＡのプロセスを使ってみてください。

損しない
ポイント

結果だけではなく「買うプロセス」も大切にしよう

酒と煙草もムダではない。本当のムダとは……

「酒や煙草は健康とお金のムダ」は本当か

1961年の名画「ティファニーで朝食を」では、主演女優のオードリー・ヘップバーンが、黒いカクテルドレスに身を包んで、長いキセルから煙草を吸っていました。

昭和の人気刑事ドラマ「太陽にほえろ！」でも、松田優作が演じるジーパン刑事は、犯人に撃たれた瀕死（ひんし）の状態で、最後の1本を吸おうとしました。また、シャンパンからウイスキーまで、さまざまな酒が、ドラマの雰囲気を醸し出すために一役買っています。

煙草や酒などの嗜好品は、かつて人々の好感度を高める要素でした。

ところが、今やこれらは、すっかり世の中の悪役になってしまったようです。

煙草の煙のタールには60種類を超える発がん物質が含まれ、体中を循環しつつ、さまざまな病を引き起こすことが明らかにされています。

また、酒が含むアルコールは体内の粘膜を直接刺激し、さらに体内で生まれるアセトアルデヒドには発がん作用もあることが知られるようになりました。

一方で、これらは家計を圧迫する要因でもあります。

このところ、煙草は頻繁に値上げされています。

もしも1箱20本入り５５０円の煙草を、１日に１箱吸うと、１か月で約１万６５００円、1年で約20万円もかかる計算です。

酒も同じです。１本２００円の缶ビールも、飲み始めれば本数は増えてしまいがち。まして や、外で飲めば１軒で何千円、場所によっては何万円とかかってしまいます。

健康から財布まで、さまざまな弊害のある酒や煙草をやめようと思いながら、意思に反してやめられない人も多いのではないでしょうか。

こういった場合は「現在志向バイアス」が働いている可能性があります。現在志向バイアスが働くと、人は目の前にある事柄を実際以上に評価してしまいます。

たとえば、未来にある喜びや利益よりも、目の前にある喜びや利益を優先するのです。

未来に健康を損なうリスクや、時間とともに積み重なる外食のコストよりも、今の一服の心地よさ、酒場の雰囲気や酔って感じる高揚感を選んでしまいます。

現在志向バイアスは、日本のことわざ「明日の百より今日の五十」にも通じます。例として、夏が来るまでに痩(や)せようと決めた春ごろに、目の前のケーキを我慢できない、といった現象があります。

このような判断は太古の昔、人間の祖先のころから続く脳の働きによるものと考えられています。

当時は十分な食料も得られず、獣に襲われるなどの危険の中で生きていたため、3か月先の命もわからなかったわけです。

目の前にあるものは食べるべきものであり、その本能に従って行動した者だけが生き延びられたのです。目の前の利益を大切にすることは、現在では不合理な判断になり得ますが、太古の昔には合理的な判断でした。

このような脳の働きによるバイアスは、自分で意識することができません。気づかないまま、健康を害したり、お金を使いすぎたりしてしまいます。

したがって、このような心理が自分の心の中で働いているかもしれないと気づくことは、自分をコントロールする第一歩です。

この気づきによって、喫煙や酒場通いの頻度を改善できれば、お金の節約にもつながることでしょう。

酒や煙草をやめればいい、わけではない

ただし、お金の使い方をよりよくするためには、酒や煙草をやめれば問題がなくなるとは限りません。

習慣的に酒や煙草を愛用していた人が、これらを急にやめても、日々快適に暮らせれば問題はないでしょう。

しかし、今の世の中はストレスを生む原因があふれています。世界的な景気停滞は収入に影響しますし、コロナ禍など疫病の流行は日常行動を制限します。

それでなくても、仕事や家庭が、つねに順風満帆とはいかないのが人生です。そういった中で生きるには、何かしら憂さをはらすものが必要になります。

たとえば、酒や煙草で散財しない人でも、ネット、ソーシャルゲームなどの課金でお金を費やす人もいます。

何かに没頭することで、疲れを癒し、気分を転換することは精神衛生上よいものなのです。ドライブ、ＤＩＹ、動物を飼う、旅行をするなど、さまざまな趣味が生活を円滑にしてくれ、ストレスを解消してくれます。

酒や煙草も、気分の転換や精神の安定に役立つ点では、趣味と同じ効用があります。もちろん、健康を害しない限りであれば、という条件つきです。

とくに煙草は、健康に与える影響が高いので、そのリスクの内容や度合いを知っておくべきでしょう。

そのうえで、これらの嗜好品が気分の転換や精神の安定に、どうしても必要だとします。それにもかかわらずやめてしまったとき、何か別の問題が生まれるのではないか、という点も考えておくべきでしょう。

極端な話、酒や煙草をやめた結果、ストレスが溜まってしまい、パチンコなどギャンブルや、ソーシャルゲームにお金をつぎ込んでしまう可能性がないとは言えません。

場合によっては、元の木阿弥どころか、むしろお金を使いすぎることもあり得ます。

健康的な趣味であっても、長く続けて深めていくにつれて、欲しい物は増えていくでしょう。

たとえば、軽量かつ高性能になった釣り具、バトルゲームで使える強力なアイテム、愛犬に着せたいかわいいコスチュームなど、見渡せば買いたいものは次々に現れます。

これらを買い続けていけば、酒や煙草どころではなく、多くの金額がかかっても不思議ではありません。

「習慣的な買い物」は散財につながる

酒や煙草を嗜むにしろ、趣味を楽しむにしろ、精神的に必要なことにお金を費やすことはムダではありません。

いちばんの問題は、自分でコントロールできない散財です。

経済面や健康面の影響も考慮し、自分で判断する買い物ならば、それは自分でコントロールできる買い物です。何も考えずお金を払い続けることが問題なのです。

ここであげた例は「習慣的な買い物」です。

1箱の煙草でもソーシャルゲームの課金でも、1回あたりの金額は払えない額ではありません。

ですが、現在志向バイアスに支配された脳は、目の前のことしか見えなくなります。一瞬の楽しみや満足を安い額で手に入れたことに満足し、長期的な損得を考えずに繰り返して買い続けてしまいます。

それが自然な習慣になったときには、知らず知らず「ダメな買い物」をしている状態になるのです。

損しないポイント

習慣的な買い物も積み重なれば大損に！

第3章

買い物での選択で間違えないポイント

～「どうしようかな？」と迷ったときに頼れるエビデンス

ポイントカードは作るべき？作らなくていい？

ポイントカードは割引には勝てない

ポイントを貯める理由は何かと聞かれれば、多くの人はお得だからと答えるでしょう。

しかし、このポイントに関して、多くの人が勘違いをしています。

たとえば「ポイント10％還元」と「10％割引」を比較すると、どちらが得でしょう？

多くの人は「同じ10％だから、どちらも同じだけ得」と答えるのではないでしょうか。

正解は「10％割引のほうが得」です。


わかりやすく、1万円払って買い物をしたと仮定します。

ポイント10％の場合、1000円分のポイントが加算されます。これを次回以降の買い物で使えば、お金を支払うことなく1000円分の商品を手に入れることができます。

この一連の買い物において、支払ったお金は1万円で、手元には1万1000円分の商品が残ります。1万1000円分の商品を買うにあたって、値引きされた金額は1000円ですから、割引率は1000円÷1万1000円＝9・1％です。

一方、10％値引きの場合は、1万円分の商品が1000円値引きされますから、これを9000円支払って手に入れることになります。当然、割引率は10％になりますから、ポイント10％還元よりも得なのです。

ポイント還元に似たスタンプカードの場合も、まったく同じ勘違いが起こります。

「10回通ってスタンプが10個貯まると1回無料」は「10％割引」と同じだけの得に思えるかもしれません。

では、具体例で考えましょう。1回あたり1000円のマッサージを想定します。10回通って1万円払うと次の1回分は無料です。つまり11回分のマッサージを1万円で受けられて1000円割引されたことになるので、割引率は1000円÷1万1000円＝9・1％です。10％割引よりも割引率が低いのです。

なぜ「同じ10％割引だ」と思ってしまうのか？

このように、感覚と実態がずれるのは「10％」という共通の数字が示されていることが原因です。行動経済学における「フレーミング」の影響によるものです。これは同じ事柄でも、記述や表現の仕方によって、受け取られ方が異なってしまう心理的バイアスです。今回の例のように、異なる内容が、提示の仕方で同じように受け取られるのもフレーミングの影響です。フレーミングは英語でいう「枠（フレーム）」に由来しており、まるで一定の枠を通して物事を見ているかのように、誤った解釈をしてしまうというものです。

それと同時に「ポイント」の仕組みには、買い手にとって損を忘れさせるほどの魅力があるとも考えられます。一般的なネット販売や航空会社などのポイントサービスに見られる魅力点を、いくつか以下にあげていきます。

①ポイントを貯める楽しみがある

②ポイントの収集状況に応じて、ランクが上がり優遇措置を受けられる

③会員限定の割引や、キャンペーンなどのメリットがある

ポイントサービスは、売り手が買い手を顧客として維持し続けるための手段です。そのために売り手は、システムの提供費用やポイントの源泉となる資金などのコストを負担します。そのうえで、ポイントサービスの仕組みは、買い手に対して「有形無形の保有物」を提供するという特徴があります。具体的には、以下の３つです。

①収集で増えていくポイントそのもの
②買い手個人のステイタス
③得をするチャンス

行動経済学の視点で見ると、これらが買い手を引きつける理由になります。

さらに、買い手の心の中に、すでに解説した「保有効果」の心理が働きます。自分が保有するモノに高い価値や愛着を感じ、手放したくないと感じる心理です。

この心理は、お金やモノなどの有形物だけでなく、身につけたスキル、自分の評価など無形物に対しても働きます。買い手は、ポイント、ステイタス、チャンスの３つに対して、保有していない他人からは理解できないほど、高い価値を感じるのです。

たとえば、積み上がっていくポイントの数値は、まるで自分自身の努力を示す点数であるかのように思えます。一度、手に入れたステイタスや、会員限定キャンペーンに参加する権利も、手放すことのできない大切なものに見えるのです。

ポイントを貯めることより崇高な目的がある

ここまでは、ポイントが人々の心理に与える影響について解説してきました。

では、このポイントサービスというマジックめいた仕掛けに、積極的に参加する必要があるのでしょうか。

その答えについては**「その仕掛けは、誰が何のために仕掛けているのか」「それを知ったうえで賛同できるかどうか」で判断すべき**でしょう。

たとえば、2020年に実施された「Go To Eat」キャンペーンで考えてみましょう。これは、国が感染予防対策に取り組む飲食店の需要を喚起し、同時に食材を供給する農林漁業者を支援するキャンペーンです。

その一環である「プレミアム付食事券」は「販売額の25%を国が負担する（例：1万2500円の食事券を1万円で購入可能）」という特典があります。「25%お得」というアピールです。

この仕組みを「割引」で表現するとどうなるでしょうか。

もし、１万２５００円分の食事をして代金が１万円で済んだならば、差額の２５００円は、本来払うべき１万２５００円の20％なので「20％割引」となります。

ところが、国は「20％割引」でなく「25％お得」を前面に出しています。二通りの言い方は、どちらも間違いではありません。では、なぜこういう言い方をするのでしょう。

国がおこなうキャンペーンの目的は、消費者により多くお金を使ってもらうことです。それが外食産業や農業などの第１次産業を救うことになるのです。こういった目的があれば、お得感の強い数字をアピールすることは善である、と言えるのではないでしょうか。消費者として参加することも、また善だと考えられます。

では改めて、保有効果を活用したポイントサービスを、どう考えるべきでしょう。

たしかに、これは買い手の無意識に働きかけ、行動を操作する仕掛けです。ただ、結果的に、買い手が心理的なメリットを得ていることも本当です。

ポイントが貯まる際の期待感や達成感、重要顧客の待遇でくすぐられるプライド、限定されたメンバーとして希少な購入チャンスを得られる喜びなど、ポイントサービスによってさまざまな心理的メリットを体験できます。

ですから、ポイントを貯めて顧客であり続けるのも一つの選択です。それが、顧客の囲い込み目的であっても、メリットを感じるならば気にする必要はありません。Ｗｉｎ－Ｗｉｎの大人の関係が成立するのは、決して悪いことではないでしょう。売り手の立場であれば、積極的に顧客との関係作りをするべきです。

２０２１年時点のポイント業界においては、「Ｔポイント」「楽天スーパーポイント」「Ｐｏｎｔａポイント」などの大手共通ポイントへの集約が進んでいます。たしかに、利用者にとって、貯めやすく使いやすいポイントは便利です。

一方、地域の個性ある小規模の流通サービス業が、独自のポイントカードを発行しているケースもあります。むしろ、小規模なポイントサービスのほうが、カードの券面デザインなどで個性を発揮できるかもしれません。

ポイントサービスが、金銭的なやり取りの道具としてだけでなく、売り手と買い手の関係作りに活用されるのはいいことだと言えるでしょう、

では、逆に買い手にとっての「ダメな買い物」は何でしょう。

まずフレーミングに惑わされて、本当に得な選択がどれかわからない状況です。あるいは、保有効果とは何かも知らず、漫然とポイントを貯めている状況もよくありません。

現在では売り手が、買い手の「無意識の心理」に仕掛けるケースは増えています。また、その手法も多様になり、洗練されてきました。

したがって買い手も、心理に関して知らなければ、同じレベルに立つことができず、よい関係を結ぶことも難しいでしょう。「いい買い物」をしたいのであれば、知識を備えることは必要条件だと言えそうです。

損しないポイント

自分で思っているほどポイントカードは得しない

選択肢を広げすぎるとわが首を絞める

マクドナルドも「決定麻痺」の罠にハマった

買い物では、選択に悩まされることが頻繁にあります。使えるお金は限られているにもかかわらず、買いたい商品はたくさんあるものです。

行動経済学では、この選択における心理の研究が、数多くおこなわれています。有名な発見の一つに「決定麻痺（まひ）」があります。これは、**人は選択肢が多すぎると、その選択を先延ばしにしたり、選択すること自体をやめてしまったりするというもの**です。

売り手のほうが、この心理を重視せずに失敗するケースもあります。たとえば、マクドナルドが２０１５年に日本全国でおこなった「新バリューセット」のキャンペーンです。

新たなセットは、メイン11種類、サイド5種類、ドリンク20種類から好きな組み合わせを選ぶことが可能でした。このキャンペーンでは、1000通り以上に選択肢が広がることをアピールしていたのです。

ただ、店舗に来る買い手にとって、カウンターの正面から見下ろす店員や後ろに並ぶ客の視線を気にしながら、1000以上の選択肢から一つを選ぶのは難しいものです。実際、このキャンペーンは早々に終了してしまいました。

わかりやすい価格で豊かなバラエティを提供するというのは、買い手のメリットを大切にする考え方です。このキャンペーンを実現させるために、各店舗内では、注文、調理、提供に至るオペレーションを整備するなどの努力をしたことでしょう。**しかし残念ながら、買い手の心理における決定麻痺までは、検討されなかったのかもしれません。**

逆に、この心理をふまえて利益をあげる企業もあります。決定麻痺の仕組みを解明した、コロンビア大学のシーナ・アイエンガーの著書『選択の科学』（櫻井祐子訳／文藝春秋）の中に、成功例が紹介されています。

かつてプロクター&ギャンブル（P&G）社が、26種類あったシャンプーを15種類に絞って、売り上げを10%もアップさせたということです。

これらの例からわかるように、選択肢は多ければ売れるというものではありません。

貧しい理由は「決断疲れ」も一因？

では、そもそも買い物において、選択は売り手から提供されるべきものなのでしょうか。いいえ、そうとは限りません。買い手は、自分で選択肢を用意できますし、さらには選択をしないという選択肢もあるのです。

たとえば、米国のオバマ元大統領は在任中、仕事の際には灰色か青色のスーツしか着ませんでした。その理由について、雑誌「ヴァニティ・フェア」のインタビューで**「私は決断する回数を減らそうとしている。食べるものや着るものについて、決断したくない。他に決断すべきことがあまりに多いから」**と答えています。

また、米アップル社の創業者である故スティーブ・ジョブズ氏は、「ISSEY MIYAKE（イッセイミヤケ）」によるオーダーメイドの黒いタートルネックを、トレードマークとしていました。

狙いの一つは、ファッションを通して、自分だけのスタイルを人に伝えることだったと言われています。ただし同時に、決まった服があったほうが毎日便利だ、と話していたそうです。やはり、着るものを選ぶ手間や労力を節約することを重視していたのでしょう。このような考え方は理にかなっています。

延々と難しい思考を続けたり、重大なことに頭を悩まされたりしている最中には、正常な思考ができなくなることがあります。これを「脳内疲労」と呼びます（「脳内疲労」については、本章で後ほど詳しく説明します）。

これと似た現象に「決断疲れ」というものがあります。必ずしも難しい選択でなくとも、長時間にわたって選択や決定を繰り返すと、的確におこなえなくなるのです。服を選ぶといった簡単な選択であっても、影響がないわけではありません。

プリンストン大学のディーン・スピアーズは、このことを証明する実験をインド北西部の村でおこないました。高級石鹸を格安で買うかどうか、豊かな村と貧しい村の人々に選択してもらいます。貧しい村人にとっては石鹸一つでも選択は簡単ではありません。この選択によって、その後の意思力が失われるという結果が出ました。

この実験からスピアーズらは、貧困の状態にある人は日常的に節約などの決断を強いられ、決断疲れで意思力を失いがちだと指摘しました。**正しい努力や決断をおこなう意思力が削られて、貧困から抜け出せない可能性があるというのです。**

これは、人間心理と貧困の関係まで言及した重要な説と言えるでしょう。

一方、一般的な人の買い物においても、決断疲れの事例があります。スーパーマーケットなどでは、レジの近辺に置かれたスナック菓子が売れる傾向があります。

レジ前は店内を回って、買うべき商品を選ぶことに疲れた買い物客が最後に来る場所です。この時点で意思力が弱まった買い物客は、目にしたスナック菓子を衝動的に買ってしまうのです。

じつは買い物に限らず、普通の人は、一日の生活の中で限りない回数の選択をおこなっています。

朝起きて、うがいをするか着替えるか、朝食を食べるか、何を食べるか、出かけるときのバッグはどれか、どの靴をはくか……このように選択の数は膨大です。

ケンブリッジ大学のバーバラ・サハキアンらは、研究によって、人が1日におこなう意思決定の回数は3万5000回にのぼることを明らかにしています。

これらの事柄は、買い手にとっての教訓を示しています。そもそも生活の中には数多くの選択が必要であること、またつねに決定疲れの危険があることです。

そう考えれば、オバマ元大統領やスティーブ・ジョブ氏らの考え方を取り入れることを検討してもいいでしょう。一部の買い物では選択に頭を悩ませずに済むよう、一定のパターンで選択をするといった方法は、結果的に「いい買い物」につながるかもしれません。

最終的には直感にしたがうのもアリ

買い物の選択には、台所の洗剤を何にするかといった軽いものもあれば、退職金の運用に用いる金融商品の選定や、一生に一度のマイホームの購入など、深刻なものもあります。**とくに重要な選択に直面した場合は、難しい選択を繰り返してきた経験者の知恵を借りるのも一つの手です。**

私が日本総合研究所で勤務していたころの上司であった田坂広志氏は、ビジネスにおける意思決定に関するエピソードを数多く話してくださいました。その中の一つ、重要な商品開発プロジェクトを担当した熟練マネジャーの話が印象に残っています。

そのマネージャーはリーダーとして、商品開発に踏み切るかどうか、リスクが高く難しい選択を迫られていたそうです。会議や調査を重ねても結論は出ません。期限が迫る中で、ほかのメンバーからも、決断の期待とプレッシャーを受けます。

そこで彼は、「サイコロを振って決めよう」と言い、偶数ならば実施、奇数なら見送りと決めたのです。振ったサイコロの目は偶数でした。ところが彼は「実施を見送ろう」と決断します。その理由は、サイコロの目が示した実施決定を見た瞬間に、心の中で「実施すべきでない」という直感が働いたというものでした。

結論が出ない場面で選択を迫られた熟練マネジャーは、自分の心の中の声を聞こうとしたのです。サイコロを振る行為は、直感を働かせるための一つの手段です。選択に悩み、頭を働かせるほどに直感は鈍くなります。

この例のように、サイコロに一度、判断を預けて心を無にすることは、直感が働く心理状態を意識的に作り出すための一つの方法なのです。

このエピソードは、買い物の選択にしては、ずいぶん難しい話のように聞こえるかもしれません。しかし買い物によって、何を手に入れるか、何を生活の中で日々使うのかは、暮らし全般に影響します。とくに、住まいや資産に関する買い物などの場合は、一つの選択が人生を左右する可能性があります。

もし、この技法を用いるならば、まずは買い物の対象商品について、きちんと調べ、検討することが前提条件です。自分で考えて結論が出たならば、それにしたがえばいいでしょう。

しかし、いくら考えても判断できず、直感に頼らざるを得ないことがあるかもしれません。そのようなときのために、この「選択の技法」を頭の隅にとどめて、必要な場面で使っていただくのもいいと思います。

選択肢を減らし、選択する回数も減らす

さて、買い物における選択は、単純なようで奥深いものと言えます。

選択に造詣の深い研究者であるシーナ・アイエンガーは「選択は創造プロセスである」という説を唱えています。選択を通じて人は環境、人生、自分自身を築いていくというのです。買い物という選択においても、まさにこのことが当てはまると言えるでしょう。

したがって「いい買い物」をすることは容易ではありません。さまざまな条件が必要になります。**最低限、選択肢をむやみに広げると、決定麻痺に陥る可能性があることは覚えておくべきでしょう。**

さらに買い物では、まず真剣に選択すべきかどうかの判断を、先におこなっておくことも大事です。もし重要でない買い物ならば、パターン化するなどによって決断のストレスを避けることも検討するべきです。

逆に、重要な買い物に直面した場合は、直感を働かせる技法を活用してもいいでしょう。こういった事柄を理解し、活用すれば間違いなく「ダメな買い物」を避けることができるはずです。

損しないポイント

迷いすぎると疲れる。迷い方にも正解がある

「仕掛けられた三択」で望まぬ買い物をしている

「3」がマジックナンバーと呼ばれる所以

前項においても、買い物における選択について解説しています。そこでは、決定麻痺や決断疲れによって、人は必ずしも正しい選択ができない状況があると述べました。

選択には、手間や労力がかかります。その負担を減らすため、スティーブ・ジョブズ氏のように、つねに同じ服を購入する行動に合理性があるのです。

前項では買い手自身の意識に関し、さまざまな留意点や、有用な知恵を紹介しました。

その一方で、売り手が用意する選択肢に関しても、知っておくべきことがあります。

選択において、人には明らかなクセがあります。一定の条件を整えれば、買い手に意識させず選択を誘導することも可能です。売り手が商品の選択肢に関して、あるテクニックを使えば、買わせたい商品を選ばせることも可能なのです。

まず、選択肢の数に関する知見を知っておく必要があります。「3つからの選択」に関して心理的バイアスが働きやすいようです。

「3」は日本や世界において、「マジックナンバー」とも呼ばれる特別な数字です。たとえば「日本三景（松島、天橋立、宮島）」のように、突出したものを網羅する際に使われます。また「三種の神器」「三人寄れば文殊の知恵」という形で、3つの集まりの完璧さや強さを表現する場合にも使われます。「上中下」「松竹梅」「金銀銅」のように、ランクづけに用いられることもあります。

ほかにも「うまい、安い、早い」という牛丼のキャッチフレーズも、3つの特徴を並べた結果、理解しやすく、覚えやすいフレーズとして浸透していると考えられます。

3つ未満では、十分ではない、網羅されていない印象を与えます。逆に4つ、5つと選択肢が増えるとともに、個々の要素を把握しにくくなっていきます。3つの要素の組合せは、安定していてちょうどいい、という印象になりやすいのです。

選択肢が3つならば、選択の幅がありながらも違いを認識しやすく、結果的に選択しやすいと言えます。

「極端回避性」により人は中間を選んでしまう

3つの選択肢を前にした際、人は「中間を選びたくなる」心理に駆られます。たとえば、品質と価格に関して、ともに低い選択肢、ともに中間の選択肢、ともに高い選択肢の3段階があったとします。すると、品質も低く価格も安い商品や、品質が高いけれど価格も高い商品は、避けられる傾向があります。両極にある選択肢ではなく、中間の無難な商品を選ぼうとするのです。

このような心理を「極端回避性」と呼びます。行動経済学者のエイモス・トベルスキーらは、カメラ購入の実験で、この心理を明らかにしました。

まず、品質も価格も低い167ドルのカメラと、それより品質と価格が若干高い240ドルのカメラから選んでもらった結果、ほぼ50％ずつに分かれました。ところが、さらに品質も価格も高い467ドルのカメラを選択肢に加えると、57％が中間の240ドルのカメラを選んだのです。

残りの22％が167ドルを、21％が467ドルを選びました。2つの選択肢に1つ加えて3つにしたとたん、中間の選択肢がほかの2倍以上の人気となったのです。

3つの選択肢に関しては、行動経済学者のダン・アリエリーが、また別の実験をしています。マサチューセッツ工科大学の学生を対象に、異なる2タイプA、Bの顔写真を比べて人気投票をしたのです。タイプは違うものの、ともに高い人気を得そうな二人です。

その際さらに、もう一つ新たなパターンを加えました。どちらかの顔写真の画像を加工して、バランスを崩し、少し不細工にしたパターンA′とB′を作ったのです。そのどちらかを加えてA、A′、Bという選択肢、またはA、B、B′という選択肢を作り、人気投票をしました。すると、A′を入れるとAの人気が高くなり、B′を入れるとBの人気が高まるという結果になりました。この選択をする確率は75%と顕著に高い数値です。

つまり、このような3択の場合に、あえて魅力のない選択肢を入れることで、それと似た別の選択肢の魅力を高められることが示されました。この心理は「おとり効果」と呼ばれています。

これらの実験からわかるように、人の選択は、選択肢の作り方に影響されやすいのです。3種類から選択するメニューや商品ラインアップも、実際にネットショップや飲食店などでしばしば見かけます。それらの選択肢において、売り手が意図的な調整を加えている可能性はあります。

売り手任せではなく自分で選択肢を作ろう

では、買い手が判断を誘導されないために、どうすればいいでしょう。こうしたトラップにひっかからないためには、何が必要なのでしょうか。

最も望ましいのは、比較に頼らずに、自分が求める商品の絶対的な価値を見極めて選ぶことです。とはいえ、さまざまな商品の特徴と、自分が真に求めるニーズをすべて明らかにして購入することは、なかなか難しいでしょう。

現実的な方法として考えられるのは、選択肢の作成から選択まで、自分主導でおこなうことです。何かを買おうとするとき、売り手から与えられた選択肢から選ぶのではなく、「自分のための選択肢」を自分で作るのです。

たとえば、希望する商品の候補を、複数の店舗から選んで集めます。複数のリアルな店舗を探して歩くのはたいへんかもしれませんが、そうすれば売り手の狙い通りではなく、買い手の判断で選択できます。

この方法が容易にできるのは、ネットショッピングを使うケースです。ショップ内での検索や、検索エンジンを使うことにより、簡単に選択肢を作れます。

ネットを活用して「自分のための選択肢」を作る

先に紹介した「カメラ購入」の実験は、1992年におこなわれたのですが、同様の実験が2012年におこなわれています。

1992年の実験で、エイモス・トベルスキーと共同で実験をおこなった経済学者のイタマール・サイモンソンが、ネットショッピングを用いて同じ実験をおこなったのです。

まず、現実のネットショップでの買い物のように、対象者にメーカーや商品ごとの機能や価格の違い、既存の購入者のレビューなどを読んでもらいます。次に、候補となるカメラを2台決め、選択してもらいます。そのうえで3台目に、高級で高額なカメラを選択肢に加えました。

しかし、最初の実験のように「中間の選択肢」を選ぶ率は上がりませんでした。極端回避性が影響しなかったのです。**これらの実験結果の違いは、1992年から2012年までのネット環境の変化によるものと考えられます。**

ネットを用いて情報収集をおこなう場合は、心理的バイアスが減るケースがあるのです。

つまり、買い物するとき、ネットを活用して「自分のための選択肢」を作る方法は、有効だと言えるでしょう。

この際には、選択肢の数を、バイアスを受けやすい３つにする必要はありません。購入候補となる複数の商品を選んで、グループを作ればいいのです。

ちなみに、マーケティングにおいては、このグループを「エボークト・セット（Evoked Set）」と呼びます。消費者が、購買行動の前に、購入検討の対象として頭の中に思い出す商品の組み合わせのことです。「ブランドの想起集合」とも呼ばれます。商品ジャンルによっても変わりますが、あまり多数ではなく３～５つ程度です。

買い手は自分で意識していませんが、過去の購入経験などから、頭の中に買ってもよいと思う候補（エボークト・セット）を作っています。昨今のマーケティング業界では、ネットで見つけた商品を、瞬間的な判断で買う購買行動も増えているため、直前に候補になるという主張もあります。

しかしながら、初めからエボークト・セットに入っている商品であれば、購入に至る確率は格段に高まります。したがって、売り手側にとっては、自らの商品を買い手のエボークト・セットの中に入れることは、今もなお重要課題なのです。

この項目でご紹介する「選択肢に惑わされない買い方」は、上記のエボークト・セットを、買い手が自ら意識的に作るようなものです。

過去の購入経験で受けた印象、周囲の評判やネットのレビュー、広告を見たときの感想など、さまざまな情報をもとに、購入候補のグループを作ってみましょう。数は多くても少なくても構いません。その中から購入する商品を選ぶのです。

大事なものは値段よりも「時間」と「労力」

最終的な選び方は、自分が好きな方法で大丈夫です。

たとえば、候補を並べて「エイヤ！」と一つ選ぶ方法が、簡単でいいという人もいるかもしれません。逆に、複数の候補から「これはないな……」と、消去法で少しずつ消しながら、じっくりと最終候補を絞り込む方法が好きな人もいるでしょう。

候補グループ作りも、そこからの選択も、自分の都合や好み、その商品の購入に費やせる時間と労力をふまえて、自由に決めればいいと考えます。

ただ、一つ注意すべき点があります。情報収集に時間と労力をかけすぎないことです。

Ｗｅｂサイトを見始めると、止まらなくなることがあります。すると、すでに述べたように脳が疲労し、時間をかけた割に、有効な情報を集められないということもあります。

また、候補が多く集まりすぎた結果、自分で作った選択肢が多すぎて選べないということも起こり得ます。自ら「決定麻痺」を招いてしまうのです。

商品の比較をする際には、付帯機能や購入条件など、バリエーションの多さがネックになることがあります。無理に最安値を探そうとすると苦労するかもしれません。

あくまで、おおまかな機能の違いなどで品質を比べつつ、価格の傾向を見るのがいいかもしれません。その過程で自分の中に、その商品に関するある程度の「相場感」ができれば十分です。

それでも迷って最終的に決められない場合は、選択を先延ばししたり、放棄したりしてもいいと思います。心理的バイアスを避けるために、また他人に誘導されないためにも、自分の選択のプロセスやタイミングを自分で決めることは、非常に重要なのです。

損しないポイント

売り手に比較を強いられると、ロクな結果にならない

生活必需品の買いだめは正しい？正しくない？

繰り返されたトイレットペーパーの買いだめ騒ぎ

さかのぼれば約半世紀前にも、人々が狂ったようにトイレットペーパーを探しまくる現象が、日本中で起こりました。１９７３年のオイルショック時です。イスラエルとアラブ諸国とのあいだで第４次中東戦争が勃発し、中東の産油国が原油価格を70％引き上げたことが始まりです。

当時の中曽根康弘・通商産業大臣が紙の節約を呼びかけると、人々は過剰な不安を感じ、トイレットペーパーを買おうと店頭に殺到しました。

時が過ぎて２０２０年、新型コロナウイルス感染症の世界的な流行が始まるとともに、オーストラリアやアメリカなど世界各地で、トイレットペーパーの買いだめ騒ぎが起きました。

今回は伝染を抑えるために、外出規制がおこなわれたことも拍車をかけました。買い物に出られない事態を想定して、日用品に関しては、ある程度の備蓄が推奨されたのです。

しかしながら実際には、必要以上に買いだめをする人が多かったため、再びトイレットペーパー騒動が起きてしまいました。

さらに日本では、「（新型コロナウイルス流行の発端とされた）中国がトイレットペーパーの製造・輸入元であるため、今後これらが不足する」というデマが流れました。

時を同じくしてテレビ、新聞、ネットなどでは、トイレットペーパー不足のニュースが盛んに報道されました。

パッケージ状態のトイレットペーパーは、店頭で広い面積を占めています。したがって、**トイレットペーパーが消えてガランとした店の棚の状態は、人々を不安にさせるインパクト**がありました。

今回の騒動では、トイレットペーパー不足が生活に深刻な影響を及ぼすことはありませんでした。しかし、なぜこのような大きな騒ぎが起きたのでしょう。

人が単純な誘惑に負けるのはどんなとき？

世界中の人々が買いだめに走った理由の一つは「脳内疲労」によって正常な思考ができなかったことだと考えられます。

人の脳は、無限に難しい思考を続けられるわけではありません。その結果、何が起きるかを検証する実験を、スタンフォード大学のババ・シーブとインディアナ大学のサーシャ・フェドリキンがおこなっています。

まず、実験の対象者に2ケタか7ケタの数字を一定時間記憶してもらいます。数字を忘れないように、頭の中で反芻している途中で、彼らに欲しい食べ物を選んでもらいます。すると、複雑な7ケタの数字を暗記中の人は、衝動的に甘くて美味しそうなチョコレートケーキを選び、簡単な2ケタの数字の人は健康的なフルーツを選んだのです。

この結果から、シーブたちは、人は脳の中で深い思考に用いられる部分が何かに占有されていると、単純な誘惑に負けやすくなることを証明しました。

つまり、人は、重大なことに頭を悩まされている最中には、深く考えずに本能にしたがった行動をしてしまいがちなのです。

過去にトイレットペーパーが不足したときの社会的な環境を振り返ると、戦争や資源不足、伝染病の危機に瀕しているなど、消費者の頭の中が将来への不安で占有されていたと言えるでしょう。理性的な判断がしにくい状況だったわけです。

「後悔の回避」を求めて積極的に動いてしまう

では、トイレットペーパー不足に直面した人々が、理性的な判断が難しかったとしても、なぜ買いだめをするという行動に走ったのでしょう。そこには、もう一つ心理的なバイアスが働いています。行動経済学における「後悔の回避」の影響です。

後悔は「違った判断をしていればよかったのではないか？」と、あとから想像し、二つの判断を比較して感じるネガティブな感情です。人は意思決定の場面で、将来における結果を予測し、後悔による不快な状態を避けるような行動を選ぶのです。

すでに人間心理におけるバイアスとして「損失回避」を紹介しました。人は無意識に、得を求める以上に損することを避けようとするというものです。結果的に不合理な判断をしてしまうこともあります。

じつは「後悔」している状況は「損失」状態と近いものです。実際に損失が起きる前に、損失を予測しただけで、これを回避しようとする心理が働くのです。

後悔の回避のパターンとして、何か行動を起こすことで生まれる失敗を避けるために、新たな行動をしないというものがあります。一方で、行動しなかったことによる後悔を避けるために、あえて行動を起こすケースもあります。

前者の例として、自分のお金で投資商品を買うかどうかの選択があります。投資した株や投資信託が値下がりして損する可能性を考え、後悔を避けるために投資しないことを選ぶのです。

投資をしないという現状を維持しても、得もない代わりに大きな損もない場合には、この選択は魅力です。いつもと違う行動をすることは不安なものです。投資に慣れていない人であれば、余計に現状を維持したくなることでしょう。

一方、後悔を避けるために行動を起こすケースがあります。とくに現状を維持しても損を避けられるかわからない状況です。

たとえば、廃盤になった大好きなアーティストのＣＤが、オークションに出品されていたとします。放っておけば、誰かに買われてしまう……そうなったときの後悔を想像して、高額であっても競り落とすのです。

もし、この場合、ＣＤの値段が極端に高いと、買った後に複雑な心境になります。高額のお金を失う損失が心にダメージを与えるためです。しかしながら、買ったＣＤは手元に残ります。

損失回避によって起きる心理の一つに「保有効果」があります。自分の手元にあるものに対して、実際よりも高い価値を感じるものです。時間が経ち、高価だったＣＤに対して保有効果が働くと、最初の後悔は薄らいでいきます。

逆に、高い値段に腰が引けて競り落とさなかったとすると、買わなかった後悔が薄らぐことはありません。次に入手する機会が来るまで、大好きだったアーティストのＣＤが二度と手に入らないかもしれない、と考え続けることになります。このように、行動した結果の後悔以上に、行動しなかった後悔が大きいケースもあるのです。

買いだめするべきではない重大な理由とは？

ここまで解説したように、トイレットペーパー買いだめのかげで、多くの人々の頭の中に「脳内疲労」が蓄積していた可能性があります。

さらに、トイレットペーパーを手に入れられなかった場合に感じるだろう後悔を避けようと、各自が衝動的に買いに走ったと考えてよいでしょう。

しかし、よく考えると、トイレットペーパー不足は、それほどまでに慌てる必要があるものでしょうか。

人がトイレに行く回数は、ほぼ決まっています。戦争が起きようと伝染病が広まろうと、回数が2倍、3倍になることはなく、家庭で消費される量は大きく変わりません。トイレットペーパーが足りなくなることを、過剰に心配すべきではないのです。

したがって、この「買いだめ」行為は、典型的な「ダメな買い物」です。買いためた結果、家庭内にトイレットペーパーがあふれます。

また、このような状況では、通常より高額で買わなければならないでしょう。これらの理由だけでも「ダメな買い物」と呼ぶには十分です。

しかし「買いだめ」は、さらに重大な問題を引き起こします。それは「転売ヤー」のような、不当に儲ける売り手を生み出すことです。

新型コロナウイルスの影響を受けた当初、マスクや日用品など、さまざまな商品が不足しました。これらが不当に売買されないよう、いろいろな措置が取られました。日本でも、衛生マスクや消毒等用アルコールの転売が禁止されました。

また、便乗値上げを禁じる国もありました。しかしながら、不正を正す機能は十分に働いたとは言えません。混乱に乗じて逃れたケースも多かったことでしょう。その結果、人々の不安につけこんだ人が、不当な利益を手に入れたわけです。

モノの売り買いにとどまらず、こういった「自分だけが儲かればいい」という利己的な行動は、許されるべきではありません。

一方、買い手が買いだめに走る裏側には、複雑な心理があります。だからといって、買いだめはやむを得ない、ということはできません。これは、卑怯な商売をする人に加担する行為であるという一面も覚えておくべきです。

買えない不安よりも他者を思う気持ちを考えて

とはいえ、買えない不安を押し殺して、買いだめを我慢することは、本当に可能なのでしょうか。

株式会社ＮＴＴデータ経営研究所では、この疑問に答える実験をおこなっています。ドラッグストアの店頭に、トイレットペッパーが残り3個しかないという状況を仮定して、被験者は、自分ならばいくつ買うかを回答します。その際に複数の張り紙の中の一つを見て答える仕組みです。

一つには「毎週2回入荷があること、普通の家族に必要なトイレットペーパー購入頻度（家族4人なら40日に1回など）」を示しました。しかし、この張り紙を見た人は、何も張り紙がないパターンよりも、たくさん買いだめしてしまうという結果となりました。ほかに「購入は一人一つ」と制限するものもありましたが、さほど効果はありません。

張り紙の中で、買いだめを止める効果があったものは、「必要量のみの購入を願い、買い占める人にならないよう求める」というものでした。買い占めるような人にならないで、というメッセージが利己的な行動を抑制したのです。

ここには、**人は他者のことを考えて行動することが可能だ**、ということが示されています。誰もが利己的な行動を止めることは可能なはずなのです。

損しないポイント

買えない不安によるまとめ買いは、誰のためにもならない

第4章

絶対に後悔したくない「大きい買い物」

～家、保険、ギャンブル……大金が動くときに使える知識

それでも本当にマイホームが欲しいですか？

「いい家」を買うことを難しくさせる「経路依存症」

家を買うにあたっては、ほかの商品を買う場合以上に「いい買い物」を妨げるノイズが入ります。その一つが、古い常識や慣習です。

昭和のころまでは、学校を卒業して社会人になると「家を買ってこそ一人前」などと言われたものです。「家族のために家を買うべきだ」「家の借金を背負ったほうが仕事もがんばれる」などという考え方も一般的でした。

当時は、戸建て住宅を買うべきであるという常識もありました。かつ、これは真実だったのです。理由は地価が上昇し続けたからです。

第２次世界大戦後の混乱期と戦後復興期を終えて、高度成長期が始まった１９５６年から近年に至るまで、地価の変動率の推移を見てみると、日本は１９９１年まで、ほぼ一貫して変動率がプラスでした。前年比40％以上というときもあります。

したがって、家を買えば土地の値段は上がっていくため、いずれ買った値段よりも高く売れました。そのお金で、さらに高額の住宅の購入を繰り返すという〝わらしべ長者〟のようなことが現実に可能だったのです。

１９７３年の朝日新聞で紹介された「現代住宅双六(すごろく)」には、人生の変遷とともに、住宅がレベルアップしていく理想の形が表現されています。

寮や下宿に始まり、木造アパート、公団・公社アパート、賃貸マンション、分譲マンションを経て、庭付き郊外一戸建て住宅が「上がり」です（次ページの図参照）。

この古い常識が覆されたのは、バブルの崩壊の時期です。

昭和の末期から平成にかけて、土地の値段は上がり続けました。バブル経済の下、不動産ブームも起こり「地価が値下がりすることはない」「土地を所有していれば損をすることはない」という土地神話も生まれました。

しかし、バブル崩壊で一気に地価は下がり、１９９２年以降は目立った価格上昇もなく今に至ります。住宅、とくに戸建てを買うことで、かつてのようなメリットは、もう得られないのです。

　しかし人の記憶は、簡単に消えません。かつて家を買っておいしい思いをした人にとって「家を買うべきもの」という常識は変わらないのです。その言動や世の中の風潮は、現在、家を買う時期にある20〜30代の人にも影響を与えます。若い世代の中にも、古い慣習にしたがって、家を買う人が出てくるのです。

【図6】　1973年の朝日新聞で紹介された「現代住宅双六」

上田篤・久谷正樹「現代住宅双六」（朝日新聞1973年1月3日）
祐成保志『〈住宅〉の歴史社会学』（新曜社、2008年）240頁より重引

その背景には、自分で考えるよりも、既存の常識や慣習を踏襲することの「楽さ」があります。逆に、それらに反する行動をすると、ストレスや抵抗感を感じるものです。

こういった状況で働く心理的バイアスが「経路依存性」です。慣れ親しんだ状況、過去の経緯や歴史によって決められた仕組みなど、過去に縛られる傾向のことです。

典型的な例は、パソコンのキーボードです。一般的なキーボードは左上から順に「QWERTY」の並びになっており、この発音通りの通称「クワーティ」と呼ばれ、決して文章を打つのに適していないにもかかわらず、キーボードの標準形となっています。

標準になった理由は、昔タイプライターで採用された際に、文字を速く打てない配列であることが故障を減らす効果があったため、当時の主なユーザーだったモールス符号のオペレーターにとって利用しやすい配列だったため、など複数の説があります。

いずれにしても、一般的なパソコン利用者の打ちやすさに対する配慮はありません。しかし、これが今に至っても改善されていないのは、経路依存性によるものです。

前述の「土地信仰」や「戸建て信仰」以外にも、さまざまな古い常識や慣習が、家を買う選択に影響します。

たとえば、賃貸よりも持ち家にするべきであり、しかもなるべく若いうちに家を買うのが望ましいといった考え方もその一つです。今でも「賃貸の家賃は捨てているだけ」「賃貸と変わらない金額で月々のローンが組める」などというセリフはよく聞かれます。

しかし、**購入が最善の判断とは限らない**でしょう。高額な家を買うために無理してローンを組めば、働く量や時間が増えて、せっかく買った家でくつろぐ時間が減るジレンマに陥りかねません。

家は買うのが当たり前という判断にも、経路依存性が影響しているのです。

なぜ新築より中古住宅のほうがいいのか？

ただし、家を買うことが全面的に悪いわけではありません。たとえば、家を持つことで経済的な信用力が生まれるというメリットがあります。

住宅ローンの審査が通った事実は、金融機関から支払い能力があると見なされたことを意味します。また、持ち家を担保にできるならば、お金を借りることも容易になります。家が資産となり、経済的な信用を生むわけです。

しかし、これはあくまで住宅を買った際に、結果的についてくる状況であって、自分自身の信用を高めるために住宅を買うというのは本末転倒です。**重要なのは、単に古い常識**

や慣習に従うのでなく、家を買うかどうかを自分自身で判断することです。

その結果、家を買うと決めたとしても、まだまだ経路依存性に影響を受ける可能性はあります。たとえば、新築か中古かの判断です。日本人には新築信仰という言葉があるくらい、中古住宅を嫌い、新築を好む傾向があります。「住むなら新築がいい」「かつて他人が住んだことのある中古住宅には抵抗がある」と考える人が多いのでしょう。

国土交通省の資料によれば、日本の住宅取引に占める中古住宅のシェアは約13・5％で、アメリカの90％、イギリスの86％と比べて1／6以下と、極端に低い水準です。

ところが、LIFULL HOME'S総研の「住宅幸福度分析レポート（2018）」によれば、実際に中古住宅を購入した人の満足度は、じつは新築とほとんど差はありません。逆に、新築で購入したことで得られる満足度が続くのは、わずか5年であり、築5年を経過するころには、購入した新築住宅の満足度は築15年の中古住宅と変わらなくなるそうです。

現実に中古住宅を買った人が満足を得ているにもかかわらず、普及していないなら、日本人の中には「中古住宅の食わず嫌い」といった心理があるのかもしれません。これもまた、経路依存性の影響があると考えられます。

中古住宅を購入するメリットは、同じ場所でも安く家を手に入れられることです。それ以外にも、新築を上回る明確なメリットがあります。実物を見たうえで買えることです。

一般的な普通の買い物は、実際の商品を見て判断します。洋服なら試着しますし、自動車なら試乗します。金額が高くなればなるほど、商品を確認してからお金を払うでしょう。

ところが、**新築住宅の販売は、マンションも戸建て**（建売を除く）**も、図面などの資料を見せる程度で販売する青田売りが主流**です。主な理由は、デベロッパーなど住宅の売り手が損をしないよう、建設費用の回収を早めるためです。

これによって買い手は、ほとんどのケースで、まだでき上がってもいない住宅に対し、先払いでお金を支払います。しかも、それは全国平均で3000万円台から4000万円台という非常に高い金額です。

「イケア効果」で自分だけの家に住める

新築マンションの場合、高層階からの眺望を目にすることもなく、また壁の薄さを叩いて確かめることもできません。部屋の面積はパンフレットに書いてありますが、自分で部屋の中に立って、広さを実感することはできないのです。**それにもかかわらず、高額の借金を背負って新築を買うのは、考えてみれば不思議なことだと思いませんか？**

中古の場合は、すでに物件はあります。人が住んでいたとしても、調整次第で多くの場合、見て触って実物を確認することが可能です。マンションであれば、隣に住んでいる人を実際に確かめることも不可能ではありません。

しかも、新築のマンションや戸建ては、一部の注文住宅などを除く多くの場合、間取りを自由に決めることはできません。いくつかのパターンから選ぶ程度の自由度です。中古住居をお得に購入し、さらにリノベーションすれば、ほかにない自分だけの理想の住まいが手に入ります。

じつはこのリノベーションへの積極的な取り組みに、家の満足度を高める心理的効果があります。それを「イケア効果」と言います。あとで詳しく説明しますが、人が自分で手をかけ、時間や労力を費やして完成させたものに、強い愛着を抱くという効果です。

リノベーションの過程では自分の家の理想を描き、それを業者に伝えるなど、手間をかけることが必要になります。その結果、イケア効果が働き、自分の家に対する愛着が高まるのです。

お仕着せの間取りや構造でない住まいが手に入るうえ、家造りに関わる満足も得られるわけです。

古い習慣や常識に流されやすい4つの理由

ここまでは「家は買うべき」「中古より新築」といった、古い慣習や常識に流されることの危険性について述べてきました。ただし、そういう状態に陥る背景には「家を買うことの難しさ」があります。住宅の購入は、一般的な買い物とはかなり異なるのです。

難しさを生む原因の一つは「買う頻度の少なさ」です。日常的に食べる食品であれば毎週買いますし、家電などでも数年ごとに買い替えます。買う機会が増えるほどに、商品の知識がたまり、自分のニーズを確認する回数も増えて、経験値が上がります。

しかし、住宅を買うのは、不動産の投資家など、特殊な人を除けば一生に1〜2回程度でしょう。経験や知識のない状態で、買うかどうかを判断しなければならないのです。

もう一つの原因は「住宅の良し悪しが判断しにくいこと」です。マンションであれ戸建てであれ、構造に欠陥があっても、壁紙などでふさいでしまえばチェックできません。たとえ見ることができても、素人に問題の有無は判断できないでしょう。欠陥住宅が、時折、世間を騒がせますが、このような事態が起きるのも、買う側がチェックすることが難しいためでしょう。

さらに、さまざまな法律など「専門知識が必要なこと」も、家を買うことを難しくしています。家の取引においては、宅地建物取引士という国家資格が必要なほどに、数多くの複雑な規則や法律があります。

家を買う行動は、一生に数回しかない貴重な、かつ超高額の買い物です。重要な決断が必要なため、大きな不安を抱えて臨むことになります。しかも、圧倒的な情報不足の状態で、住宅販売のプロを相手に取引しなければなりません。

それらに加えてもう一つ、家を買うことを難しくする原因があります。「家を買うことが特別視、神聖視されやすいこと」です。

たとえば「家を買うこと」と「家族を持つこと、養うこと」が、混同してとらえられる傾向はないでしょうか。大手ハウスメーカーは、家を買うモチベーションを高めるべく、テレビCMなどで〝温かい我が家に帰る喜び〟〝一家団欒（だんらん）の幸せ〟といった構図を描いています。しかし、温かい家庭を築くことと、立派な家を買うことは、まったくの別物です。

また昔は「イエが大事、イエを守る」といった考え方は常識でした。血族コミュニティを重視する保守的な考え方は悪いことではありません。しかし、家を建てる場所を自由に決められないなどの縛りがあると、満足できる買い物はできないかもしれません。

家を買うことを難しくする原因はいくつも存在します。そのような状況下で、自分自身の情報や経験が足りないにもかかわらず、判断しなければなりません。心理的にも不安定ですから、経路依存性のようなバイアスの影響も受けやすいわけです。

「いい家」に住みたい人が確認すべき3つの条件

いい家を買う大前提として、誰にでもあてはまる、画一的な答えはありません。当然ながら、人は個人個人で異なる趣味嗜好があります。働き方は多様で、人生の目的も違います。**家族の理想も一つではありません。家を買うときの正解は、これら個人のあり方すべてをふまえて出すものです。**

よく「都心に住むべきか郊外に住むべきか」「買うべきか借りるべきか」などのQ＆A記事を見聞きします。しかし、これらは他人が決めることではありません。

土地を持つことにこだわりたいならば、戸建てを買うのもいいでしょうし、持ち家にこだわりがないなら、一生賃貸と決めることも悪くはありません。

ここでは、よりよい判断をするための条件を３つあげましょう。

第１の条件は、選択肢を広げて考えることです。

居住地に関しては、コロナ禍でのリモートワークの普及などにより、都心に比べて郊外居住の優位性が認められるようになりました。また、両方を兼ねる二地域居住という選択もあります。

住居自体も、新たな形態が増えました。新しい賃貸住宅には、借主が自由にリフォームできるＤＩＹ型賃貸、独立住戸以外に居住者が利用できる共有部分があるコミュニティ賃貸などがあります。

単なる分譲ではなく、複数の世帯が独立した住居とともに、みんなで使う共用スペースを持ち、生活の一部を共同化するコレクティブハウスのような住居もあります。

一流ホテルは賃貸で住宅を提供するようになり、定額を支払えば日本各地にある家に住めるサブスクリプション・サービスも生まれました。数ある選択肢の中から、さまざまな住み方を試すことができます。

ただし、このとき第３章で紹介した「決定麻痺」には注意してください。これは、選択肢が多すぎると、人は選択を先延ばししたり、やめてしまったりするという心理でした。**選択肢を広げつつ、同時に、最も自分に合う選択肢を探すことが必要です。**

第2の条件は、一度の判断で最善の選択をし、終の棲家を決めようとしないことです。

家を買う場合にも、トライアル＆エラーは必要です。現代は、社会や経済の変化が激しい状況です。家に対するニーズや志向は変わります。長期的には、家族の形も変わるでしょうし、収入も変動するでしょう。変化やリスクを見込むことが重要です。

自分が本当に求める条件が資産的価値なのか、暮らしにおける健康や気分のよさなのか、さまざまな条件を探す中で、優先事項が見えてくるのかもしれません。現代においては「住宅すごろく」の上がりは、一つに限定されないのでしょう。

第3の条件は、自宅内で住まいを完結させようと思わないことです。

家という商品は、簡単に考えると「建物」と「土地」の組合せです。建物に関しては広さや間取り、土地に関しては駅からの距離や自然環境などが重視されてきました。しかしじつは、それら以上に家の周辺インフラ、つまり家の周辺に何があるかが重要です。

たとえば、徒歩圏に図書館があれば本棚替わりになります。庭がなくても、近くに公園があれば満足できるかもしれません。すぐ近くにカーシェアがあれば、自家用車がなくても不便はないでしょう。自分に必要な設備を家の中だけでそろえず、外でシェアすることで住みやすさが上がります。地域ともつながり、暮らしの必要経費もカットできます。

このように「家でなく街に住む」のに適した住みやすい場所を「リバブルシティ」と呼びます。新型コロナの影響で、通勤の回数が減ることにより、郊外への居住が見直されました。その際に、家の中でのワークスペース確保などに目が行きがちです。

しかし実際には、つねに家の中に閉じこもるわけでなく、家の近隣も含めて時間を過ごすことになるため、リバブルシティとしての価値は重要になるでしょう。

新型コロナ以降「ニューノーマル」という言葉がよく聞かれます。家を買う際のニューノーマルの基本は、まず古い常識や慣習を忘れることです。さらによい選択をするためには、選択肢を増やしつつ、段階的にベストを目指すことも必要になります。

さらに、リバブルシティという尺度を判断基準に加えることも必要です。同時に、性急に最良の結論を求めない、スローな姿勢も不可欠だと言えるでしょう。

損しない
ポイント

過去の常識ではなく、自分の暮らしを見つめよう

「いつ、どんな物件を買えば得するか」を検討する

耐久消費財は自分のスタイルに合わせて買う

住宅は、一般的な消費者から見れば、最も高額な商品と考えていいでしょう。ですから当然、一度買ったら長いあいだ使うことになります。国土交通省の資料によれば、**全住宅の平均寿命は54・2年で、これは家という商品の「使用期間」**です。

ほかの耐久消費財を調べると、電気冷蔵庫は12・9年、乗用車（新車）は8・9年、パソコンは6・8年、携帯電話は4・3年という結果でした。住宅における使用期間の長さがよくわかります。家を買うにあたり目指すべきは、この期間、満足度が維持されることと考えていいでしょう。

どんな商品を買うときでも、使っているあいだ、すなわち商品の使用期間中は満足できることを望むはずです。

とくに、住宅や家電、自家用車や家具などの耐久消費財は、長い期間にわたり使う商品ですから、商品の特性をよく調べ、自分に合う商品を真剣に考えて購入を決めます。

商品は売り手である企業や商品ブランドごとに、特徴や競合商品との差別点があるものです。買うにあたっては、その商品の違いを見極め、独自のこだわりも大切にして、自分にベストな商品を選ぶのが普通です。

乗用車の場合、簡単には変わらない、自分の志向をもとに選ぶことが多いようです。

車で走ることが大好きなスポーツ派であれば、エンジン性能や操縦性にこだわって選びます。家族で出かける〝足〟として役立てばいいと考えるファミリー派であれば、車室の広さや快適さを重視するでしょう。

たとえば子どものいる４人家族なら、スポーツ派の人であれば、４人乗れてスピードも楽しめるスポーツワゴンタイプから選び、ファミリー派ならば、広いワンボックスタイプから選ぶ人が多いのではないでしょうか。

もともと車は、家族構成や使用用途により、選択の幅が狭まります。それでも買い手は、自分の志向に合わせて買うべき車を探します。なぜなら、それが「満足できる、いい車の買い方」だからです。平均8・9年間の使用期間を満足できるように努めるのです。

ほかの商品で言えば、たとえば使用期間が4・3年の携帯電話でも、多くの人がこだわります。iPhoneかAndroidかに始まり、色や大きさ、機能など、さまざまな好みに応じて商品を選びます。

54年後の将来まで考えて家を買っているか？

では、住宅という商品ではどうでしょう。その購入金額は、国土交通省の住宅市場動向調査によれば、土地つき注文住宅で4615万円（全国のデータ）です。分譲戸建住宅は平均3851万円、分譲マンションは平均4457万円（ともに首都圏・中京圏・近畿圏のデータ）です。おおまかに言えば、4000万円ものお金を支払う商品なのです（住宅ローンの金利として払う額を含めると、全体の金額は跳ね上がります）。

ちなみに、車の購入価格は、日本自動車工業会の調査によれば平均171万円です。これは耐久消費財の中で最も高い部類ですが、住宅は、これをはるかに超える金額です。

住宅の使用期間54・2年も、車の8・9年を大きく上回ります。これだけの高額で、かつ長期間使用する商品ですから、満足できるように相当なこだわりを持って当然です。

しかし家を買うとき、本当にそういった選択をしているでしょうか。現実には、より短い期間、せいぜい数年程度の未来までのことしか考えていないのではないでしょうか。

昨今は新型コロナの影響を受けて、好まれる住宅が変わったと言われ、住宅購入者向けの雑誌などで取り上げられています。

たとえば、在宅勤務に適したテレワーク専用ルームなどを備えた住宅です。リモートワークを取り入れる企業が増え、毎日の通勤が不要になったために、郊外の住宅が人気だとも言われています。都心に近く、利便性が高いけれど狭い家よりも、都心から離れていても、または駅からの距離が遠くても、広い家に住みたいと考える人が増えたそうです。

もちろん、利便性を求めて都心に住むことが、ベストな選択とは限りませんから、快適性を重視して家を選ぶのは悪いことではありません。**ただし、最も重視すべきは「その家に対して、54年間満足できるかどうか」という点です。**

新型コロナに関してはワクチンや治療薬の開発や普及が進むことによって数年のうちに、いわゆるインフルエンザのような日常的な存在になると予想されています。そうなれば、コロナ禍初期のような行動制限は不要になり、在宅勤務も徐々に減る可能性があります。そこまで考えたうえで、テレワーク専用ルームがついた郊外の戸建てを買うのであれば、それもいいでしょう。あるいは、間取りの変更の余地を残すなど、将来を考えたプランがあれば問題はありません。

とにかく、家を買う際に、直近数年の快適さだけを求めるのは危険だということです。長期的な視点を持ち、未来の変化に対応することが必要です。

同時に、簡単には変わらないであろう、自分自身のライフスタイルや住まいに対する志向にもとづいて、家を選ぶことも重要です。

車でも、スポーツ派かファミリー派かで、買う商品の選択が変わるものです。自分がこだわりたい部分は何か、つまり住宅に関して自分は何派かを、明確にする必要があります。

「投影バイアス」「解釈レベル理論」による影響

しかし、人は、長期的に物事を見られなくなることがあります。心理的バイアスに妨げられるためです。**その一つに「投影バイアス」があります。これは、将来における自分の選好を予測するとき、現在の自分の状態に引きずられるバイアスです。**

現在における自分の状態、感情や好みなどが、将来も変化せずに続くと思ってしまうのです。いわば現在の自分を、そのまま未来に「投影（プロジェクション）」してしまうような状態です。このバイアスは日常生活の中でも影響を及ぼします。

たとえば、スーパーでの買い物です。空腹でスーパーに行った際、食材を買いすぎてしまったという経験はありませんか？　これは、買い物時の空腹な状態が、長く続くと思ってしまう投影バイアスの影響です。

新型コロナの影響を受けた状況下においては、誰もが自由に外出できず、長い時間を家の中で過ごさなければなりません。仕事によっては、不慣れなテレワークに取り組むことも必要になります。その渦中においては、同じ状況が続くのだろうと無意識に考えてしまい、新型コロナが落ち着いた後の生活のことを考えられなくなってしまうのです。

この思考が、家を買う際にも続きます。**現在の生活がよくなればいいという発想だけで家選びをしてしまうのです。**

さらに、そのほかにもう一つ、長期的な視点での考えを妨げる心理的バイアスがあります。「解釈レベル理論」です。これは、人、物、出来事のとらえ方に影響します。対象が心理的に遠い場合は抽象的にとらえ、逆に近い場合には具体的にとらえるのです。

心理的な距離だけでなく、時間や空間における距離が遠いか近いかによっても、同じような影響があります。

身近な例はマリッジブルーです。結婚する前、婚約した時点では、伴侶を得た喜びが心の大半を占めます。しかし、結婚が近づくにつれ、面倒な結婚式の準備や、生活を変えなければならない不安などの現実に目が行き、ブルーになっていきます。

家を買う際も同じです。漠然と家を買おうか考えていた時点では、住まいの夢や理想を思い描きます。しかし、いざ実際の購入が近づくと、将来の理想的な住まい方を考えるよりも、現実に目が向きます。その結果、たとえば、テレワーク向きの間取りのことばかりを考えてしまうのです。

家が、非常に高額の買い物であることは誰でもわかります。それだけでなく、使用期間が非常に長い買い物であることも、現実的に認識しなければなりません。

同時に、**行動経済学の知見からわかるように、人が未来を考える際には、さまざまなバイアスが邪魔することも知っておくべき**です。

「現在の状態が続くと思い込んではいないか？」「遠い先のことも現実的に考えているか？」などと自分に問いかけながら、買うべき家を考える必要があるのです。

それが、50年以上にわたって満足できる家を買うための条件だと考えてください。

家の売り手は刹那的な商習慣を保っている

ここまでは行動経済学の視点で、買い手の心理に注目して解説してきました。ただし、この他にも、家の買い方を難しくする要因があります。売り手側の都合や状況です。**現在の不動産ビジネスを見ると、ハウスメーカーや不動産会社など、家や土地を提供する売り手は、顧客との長期的な関係を重視してこなかったように思えます。**それには理由があります。家を売る企業と顧客との関係は、多くの場合、一期一会(いちごいちえ)だという点です。

先ほど述べたように、家は長持ちする商品ですから、一度、家を買ってくれた顧客が、その数年後に再び家を買うケースは多くありません（富裕層が投資目的でマンションなどの転売を繰り返すといったケースは除きます）。

しかし、たとえば車は、そうではありません。売り手は車を買ってくれた顧客を大事にし、車検や点検などの機会を用いて、関係を継続させようとします。その目的は、車が古くなってきたころに、新たな車を買ってもらうことです。

ところが、住宅は、住宅本体の継続的な繰り返し購入は期待できません。ゆえに、とにかく一度買ってもらうことだけを目指しがちです。

売れて利益を得たら、次の売買に取り組みます。一度売った土地を再び売ることはできませんから、また新たな土地や家を探します。新たな商品を用意して、次の買い手を見つけ、再び売り切ろうとします。**まるで、ある場所で収穫したら次の場所へ、というサイクルを繰り返す「焼き畑農業」のようです。**

最近は状況が変化しており、リフォーム市場が拡大し、不動産管理ビジネスも注目されるようになりました。それにより、売り手と買い手の関係が長期化する兆しもあります。

ただし現状は、これらの新しいビジネスでは、家の売買ほど効率的に大きな利益を得られないようです。長く続いた商習慣によって固まった思考回路も、急には変わらないでしょう。家の売り手の思考は、変わらず短期的で刹那的でしょうし、買い手の50年後の暮らしを考える余裕はないのです。

そもそも本当にあなたは家が欲しいですか？

住宅に関しては、売り手も買い手も短期目線であることを示す例があります。2016年ごろの大手ハウスメーカーのテレビCMです。多くの会社がテレビCMで、家の耐震性能をアピールしていました。家を揺らしても家の構造に影響はないことを示す、実験の風景を表現したタイプが多かったようです。

その背景にあったのは、２０１６年4月に起きた熊本地震です。熊本県と大分県で相次いで発生し、震度7を記録した地震は、日本中にショックを与えました。たしかに、家において耐震性は重要です。しかし、各社横並びの広告に効果があるとは考えられません。テレビＣＭに必要な投資は、決して安い額ではありませんから、広告主であるハウスメーカーは、顧客ニーズを把握したうえで広告を制作するはずです。購入者調査もおこなったことでしょう。しかし、そこで知った購入者の関心も、それをふまえた企業側の広告内容に関する判断も、同様に震災重視の方向だったと考えられます。

ともに短期視点で、家の売り買いを考えていた可能性が高いのです。

家の売買において、売り手は短期視点でも、利益が上がれば当面の問題はありません。しかし買い手は、一度買った家に50年以上住む可能性があるのですから、長期的な視点を忘れてはいけません。**売り手による、短期的なトピックを取り上げた販売トークや広告に、影響されるべきではないのです。**

家に関する真のニーズ、自分自身の変わらない志向を明らかにすべきです。

さらに、家を買う時期を判断するためには、世の中の変化に関心を持つことも大切です。

野村総合研究所のシミュレーションでは、今後の日本において空き家率が拡大することが確実です。**2023年には14・0〜17・1%、2028年には15・6〜21・1%、2033年には17・9〜25・1%と、急激に空き家が増えます。**

一方、国土交通省によれば、日本の人口は2008年に1億2808万人でピークを迎えて以来減少を続けており、2030年には1億1913万人へ、2050年には1億192万人へと減っていくと予想されています。つまり、人口が減って家は余るので、家を手に入れやすくなる可能性があるわけです。

だとすると、こうした長期予想をふまえて、「何歳から何歳のあいだに、その家に住むか（ローンを払うか）」を計画することができます。これにより、ローンを払う期間は少なくとも安定収入を得ておこう、といった人生プランが決まるかもしれません。

ただし、人口の減少は、もちろんメリットばかりではありません。地域における道路、学校や病院等のインフラを支えるのは住民による税金です。人口が減れば当然、税収も減ります。

また、新型コロナの影響で郊外への移住が注目されましたが、自治体は人口が広く分散するほどに、インフラ整備や行政サービスを広範囲におこなわざるを得ません。

これによってコストが増えれば、自治体の財政も危うくなります。**最終的に行政サービスは低下しているのに、税金はさらに上がるという悪循環に陥る可能性もあります。**

そう考えると、家の場所を決めるにあたっては、自治体の状況などをチェックすることも大切です。「住む地域を考える」だけでなく、「住む自治体を選ぶ」ことも必要なのです。

このように、家を買う際には、世の中の状況を把握することが大事です。

とはいえ、最も重要なのは自分の判断です。「状況から判断して買うべきか」よりも「自分が買いたいと思うか」を優先すべきでしょう。**さらに「自分が買いたいと思う理由は何か」など、考えを深めることにより、自身の志向やニーズも明らかになります。**

こういう思考をうまく進めるために、また、そこで投影バイアスや解釈レベル理論などの心理的なバイアスに邪魔されないように、行動経済学の知識をぜひ活用してください。

損しない
ポイント

54年先のことは、自分の身に現実に起こること

住宅ローンによる損失額を正しく把握する

住宅ローンはサラ金と一緒？

住宅ローンは、金融機関が売り手となる「金融商品」の一つです。

家を買うにあたって住宅ローンはつき物、借りるのが当然、という認識を持つ人は多いかもしれません。身のまわりを見ても、借りている人が多いのではないでしょうか。

そういう商品に対しては、内容などをよく見極めずにお金を払ってしまいがちです。それ以前に住宅ローンのような金融商品は、感覚的にわかりにくいため、敬遠してしまう傾向があります。

しかし、その特徴や扱い方を確認することは「いい買い物」のために不可欠です。

家を買うとなれば、数千万円の現金を持っているか、親などから無利子で借りられる人以外は、住宅ローンを借りることになります。ほかに選択肢はありません。このような、商品の利用動機も住宅ローン独特のものです。

国土交通省の住宅市場動向調査によれば、住宅ローンの平均返済期間は、分譲戸建てで32・7年、分譲マンションで31・5年です。仮に、住宅購入に必要な金額を４５００万円として、32年のローンを組んだとします。住宅金融支援機構のサイトによれば、２０２１年４月時点の10年固定金利は３・30％です。

シミュレーションすると、返済総額は７２９２万２３６８円で、その中の利息分は２７９２万２３６８円です。**４５００万円の住宅を取得するために、約２８００万円のお金を別途払う必要があるということです。**

もちろん、４５００万円の現金を持っていれば、この支払いは不要です。持たざる者にとっては厳しい、ある意味では格差が広がる仕組みと考えることもできます。

このローンという金融商品は、お金を借りる側が利息という形で、貸し出す金融機関に費用を払います。キャッシングやカードローンと構造は同じです。

さらに言うと、２０００年ごろまで世の中に横行していた「サラ金」とも、基本的には同じ金融商品です。可能ならば利用を避けるべき商品でしょう。

住宅ローンを借りれば、返済義務を負います。同時に、返済が滞れば家を失うリスクを負うことになります。返済は平均30年以上の長期間にわたるものです。この間、リストラ、事業の失敗、ケガや病気などで、返済が難しくなる可能性はゼロではありません。**長く返済が滞れば家を失い、さらに最悪の場合は借金が残ることもあります。**

最近は、夫婦で家を買う場合などに、二人の収入を合わせた金額を収入とする「収入合算」や、一つの家を買うために、二人がそれぞれ債務者となる「ペアローン」などの住宅ローンもあります。ともに借入額を増やせるため、利用すれば、より高額の家を買うことができます。

しかし、リスクも同時に高くなります。万一、一方の収入が途絶えると、途端に返済が厳しくなります。また、このご時世では離婚も増えていますが、そうなった場合、通常以上に面倒が増えることは間違いありません。**夫婦仲よく健康で、返済まで30年以上、働き続けることが必要条件なのです。**

これらが、住宅ローンに伴うリスクです。ローンのリスクを背負うことにより、人生におけるほかのリスクを避ける必要に迫られます。

たとえば、収入が不安定になりかねない起業や独立の判断には、慎重にならざるを得ません。転居を伴う転職の場合は、ローン支払い中の現住居をどう扱うか悩むでしょう。住宅ローン返済中は、ある程度、人生における自由を手放さざるを得ないのです。

貯金するより住宅ローンのほうが家は買える

一方で、住宅ローンにはいい面もあります。

貯金をし続けることで、家の購入資金を貯めるのは簡単ではありません。**住宅ローンによって強制的に支払い続けなければならない状況に置かれることで、高額な買い物ができるという効果もあるのです。**

かつて大和証券グループによる、行動経済学をテーマとしたストーリー仕立てのテレビCMシリーズがありました。その中の一つは、以下のようなものです。

床屋内の場面で、主人が、お店で働く青年に給料を渡しています。主人は「この給料の2割を貯金するように」と青年に言うと、彼は「無理だ」と答えます。次に主人が「この給料の8割で暮らしてごらん」と言い換えると、青年は「やってみる」と答えました。同じ行動なのに、言い方によって、可能だと思えたり不可能だと思えたりするわけです。

ここでは、行動経済学における「フレーミング効果」が影響しています。これは同じ内容であっても、問題の提示の仕方、焦点のあて方により、人の判断や選択が変わるという心理的バイアスです。

仮に家を買うために、収入の2割を貯金しようと考えても、強い意志がなければ途中で挫折する可能性があります。初めから難しいと考えて、住宅購入をあきらめてしまうかもしれません。しかし、**住宅ローンで引き落とされた残りの8割で暮らすのは、貯金ほどには難しく感じない**でしょう。

さらに、住宅ローンを借りれば、心理的プレッシャーを受けることになります。仮に、住宅ローンの返済が何度も遅れれば、金融機関が個人を評価する際の信用力が低下します。その後の人生に影響しかねませんので、これは一種のペナルティです。これを避けるために、日々のムダづかいを控えて、返済し続けることになるでしょう。

このように、住宅ローンにはいい面も悪い面もあります。リスクがあるのも事実ですが、十分な現金を持たず家を買うなら、受け入れるしかありません。

ただし少なくとも、リスクがあることは認識しておく必要があります。そのうえで、必要なのは、可能な限りリスクを減らすことです。

返済額より借入額を見て判断するリスク

ここからは、行動経済学の知見を活用して、住宅ローンに関わるリスクを見ていきます。まず「借りている金額を甘く見てしまう」リスクです。

第2章で「アンカリング効果」について解説しました。これは、最初に提示された数字などが基準となって、無意識にその後の判断に影響を与える効果でした。

たとえば、スーパーなどで、もとの値段が消されて値引き後の額が書かれているのは、アンカリング効果による安さの演出です。

欲しい家を見つけて、住宅ローンを検討する場合、最初に意識する数字は「借入額」でしょう。家の価格や諸経費などから、まず借りる金額を算出します。

次に、返済プランをシミュレーションします。その際は、月々やボーナスの「返済額」に注目するでしょう。払い続けることができるのか、判断しなければなりませんから。

その過程で、一応「総返済額」を目にするでしょう。**借入額よりも、かなり大きい金額であるはずです。しかし、これが実際に支払わなければならない金額なのです。**したがって、最も強く認識すべき金額であり、これを支払っていく覚悟を持つ必要があります。

返済が滞るような万一の事態が起きた場合に、背負わなければならないのは「借入額」ではなく「返済額」です。しかし、アンカリング効果が働くと、より安い「借入額」が頭に残ります。無意識に自分の負債を軽く考えてしまう可能性があるので注意が必要です。

また、別のリスクとして、借り換えなどによる「返済負担軽減の機会を逃す」ことがあげられます。第1章で解説した「メンタル・アカウンティング」の影響で起きるものです。これは、支払い方などによって、感じるお金の価値が変わる心理的バイアスでした。

通常の住宅ローンは、銀行口座から自動引き落としなどで支払うことが多いでしょう。この自動的な支払い方は、社会保険や税金など、日常生活に必要な諸経費と同じです。メンタル・アカウンティングの影響で、これらの支払いを同じ〝くくり〟で考えてしまう可能性があります。**つまり「初めに決められたとおりに払うのが当たり前」と認識してしまうリスクがあるのです。**

社会保険や税金などは、支払う先や金額は決まっています。一方、住宅ローンは、借り換えで返済先を変えることができます（金融機関による審査を通る必要はありますが）。よく探せば、返済負担を軽くすることも可能でしょう。

金融機関によっては、住宅ローン契約者向けに、キャッシュバックや、振込やATM利用の手数料無料などの特典を用意しています。これらの機会を逃してはいけません。

ちなみに、最初の借入時点における金融機関選びにも注意が必要です。家を買った経験がないと、住宅販売会社などがすすめる提携金融機関の中から選びがちです。

たしかに、その場合は、手間が少なくて済みます。しかし金利は、ほかの金融機関より高いかもしれません。わずかな金利の違いが、返済額に大きく影響します。

また金融機関によっては、借り入れ時に加入する団体信用生命保険の補償内容が、ほかよりもすぐれている場合もあります。金融機関選びの参考にするといいでしょう。住宅ローンは超高額の取引ですから、漫然と借り入れや返済をおこなうのでなく、主体的に取り組むことが重要です。

「計画錯誤」により甘い見積もりをしてしまう

もう一つ、住宅ローンに関わり得るリスクとして「長期の計画に失敗する」ことがあります。頭金を貯める、繰り上げ返済をするなど、さまざまな計画を立てる際に「計画錯誤」の影響を受ける可能性があるのです。

これは計画を立てるにあたって、目標を達成するまでに必要な時間、労力、お金などを、実際よりも少なく見積もりすぎる心理的バイアスです。人は、誰でも無意識のうちに、計画を甘く立ててしまうものなのです。これは必ずしも、計画性がない人や、努力が足りない人だけではなく、誰にでも起きることです。

対処方法は、いくつかあります。その一つは「目標に至るまでの手順や要素を、細かく分解し、個々に必要な時間や行動などを見積もる」ことです。プロセスを分割（アンパックと呼びます）し、その結果を総合して、全体を見積もります。

たとえば、ざっくりと5年で頭金を貯めるといった感じで、ひとまとめにするのではなく、1年ごとに貯める金額、毎月の減らすべき出費など、要素を細かく具体化するのです。このプロセスを入れることで、計画の精度は高まります。

ほかの対処方法として、あらかじめ余裕のある計画を立てることなども、ありきたりではありますが効果はあります。

行動経済学の知識を活用してリスク軽減を

金融商品全般にも言えることですが、住宅ローンの大きな特徴は「形がない」商品だということです。ゆえに、車のように乗り心地をたしかめたり、ビールのようにのど越しを味わったりすることができません。

もう一つの大きな特徴は「数字の組合せ」でできていることです。

住宅ローンの要素を大まかに言えば、金利、借入可能額、返済期間、諸費用などでしょう。これらの組合せで「どんな住宅ローンか」が決まります。さまざまな金融機関が住宅ローンを提供していますが、付帯サービスなどに若干の違いはあっても、基本的な要素は同じです。

こういった特徴がある住宅ローンは、感覚的に理解しにくく「自分にとっていい商品を見つけにくいものだ」と認識しておくことが必要です。

また、住宅ローンを一度借りたら、利息を含めた返済額は膨大な金額になります。返済が滞るリスクがあり、人生における自由が奪われる可能性もある危険な商品です。

しかしながら、現金を持たずに家を買うためには必要不可欠です。返済の強制力が、逆に高額の支払いを可能にする側面もあります。

特徴をあげていくほど、住宅ローンが特殊な商品であることがおわかりでしょう。効果は高いが副作用の危険もある、いわば劇薬のようなものと考えていいかもしれません。

この商品の「いい買い方」は、可能な限りリスクを減らすことです。借入額を正しく認識し、負担軽減の機会を逃さず、長期計画を誤らないことが必要なのです。

その際は、行動経済学における心理的バイアスの知識を活用して、自分自身の行動をチェックしてください。ローンを借りる際は、ぜひ漫然とではなく主体的に選び、関わりましょう。約30年後、無事に完済して、返済から解放される快さを味わってください。

損しないポイント

安易な住宅ローンの借り入れがローン地獄への入り口

保険に入りすぎて節約できないのは「保険文脈」のせい

「確実性効果」が保険の加入率を上げている

もともと、日本人は保険好きと言われています。最近の加入状況を見ると、大きな伸びはないものの、世帯加入率は9割前後で推移しており、民間の保険に関しては増加傾向です。ほとんどの世帯が保険に加入している状況です（次ページの図参照）。

また、世帯あたりの年間払い込み保険料は、生命保険文化センターの「生命保険に関する全国実態調査」によれば、38万2０００円です。１か月あたり3万１８３３円になります。ただし、これは生命保険の金額のみであり、火災保険や自動車保険などは含まれませんから、実際はこれ以上の金額を保険に費やしていることになります。

一方で、総務省統計局「家計調査」によれば、1世帯あたり1か月間の通信費は、1万3404円です。**最近、高いと言われることの多い通信費と比較しても、保険に支払う金額の高さがよくわかります。**

日本では、社会人になったから、結婚したから、子どもができたからなどの理由で、保険に入る傾向があります。いざというときの備えに必要な特別な費用と考え、節約の対象とするのに抵抗を感じる人もいるようです。

保険に入りたくなり、また保険料を節約しにくくなる心理を、行動経済学では「保険文脈」と呼びます。

【図7】生命保険世帯加入率の推移

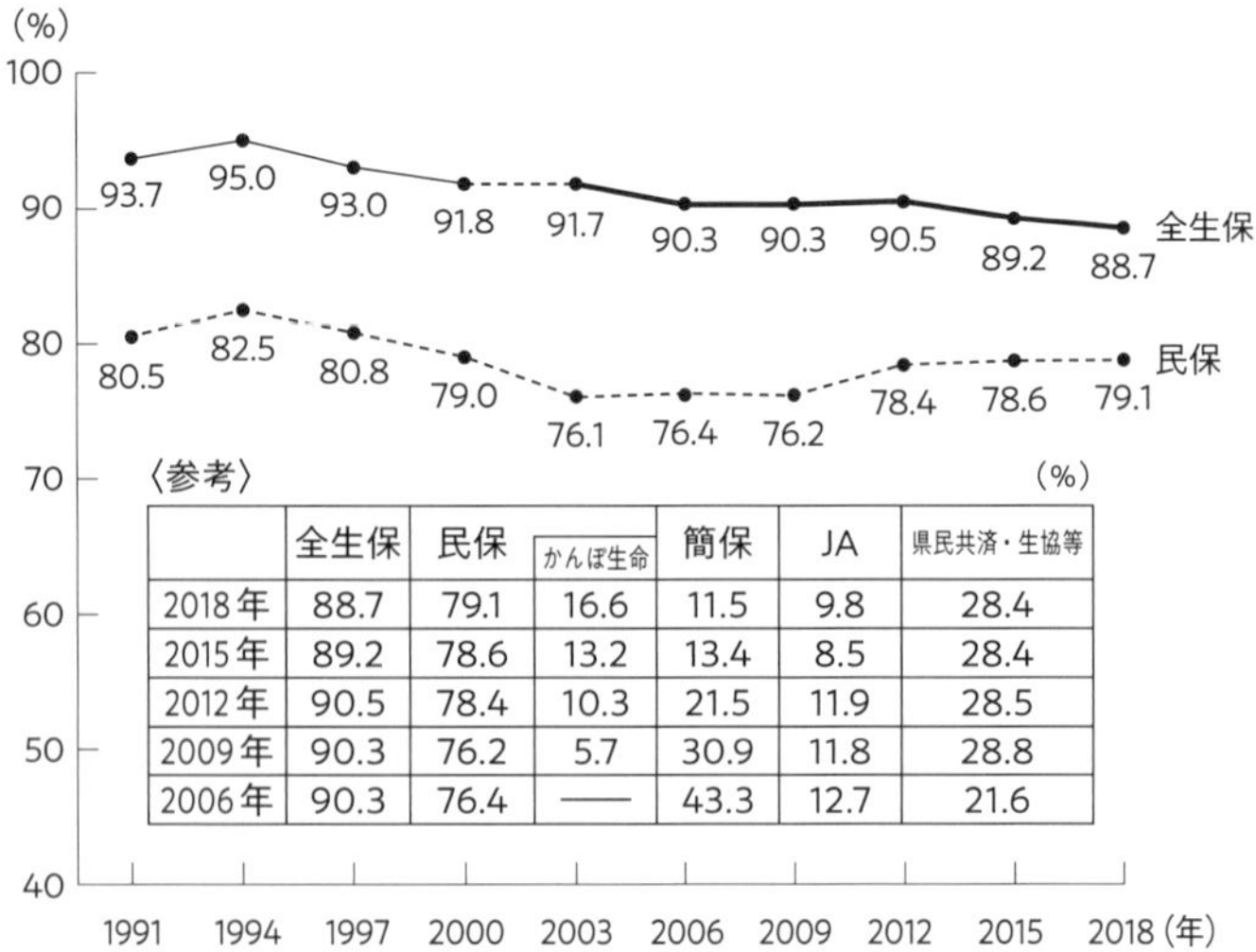

〈参考〉 (%)

	全生保	民保	かんぽ生命	簡保	JA	県民共済・生協等
2018年	88.7	79.1	16.6	11.5	9.8	28.4
2015年	89.2	78.6	13.2	13.4	8.5	28.4
2012年	90.5	78.4	10.3	21.5	11.9	28.5
2009年	90.3	76.2	5.7	30.9	11.8	28.8
2006年	90.3	76.4	——	43.3	12.7	21.6

人は「保険」として示されると、起きる確率が低い「死ぬ、入院する、壊れる」などを避けようとします。逆に、保険料の支払いという確実な損失を選ぶ傾向があります。

さらに、行動経済学の視点で、保険加入に至る心理を細かく分析していきましょう。

まず「確実性効果」が影響します。これは確率が１００％や０％となるような「確実な出来事」に、強く反応する心理です。これを理解するために、下の「確率加重関数」と呼ばれるグラフを見ていただきます。

【図８】確率加重関数

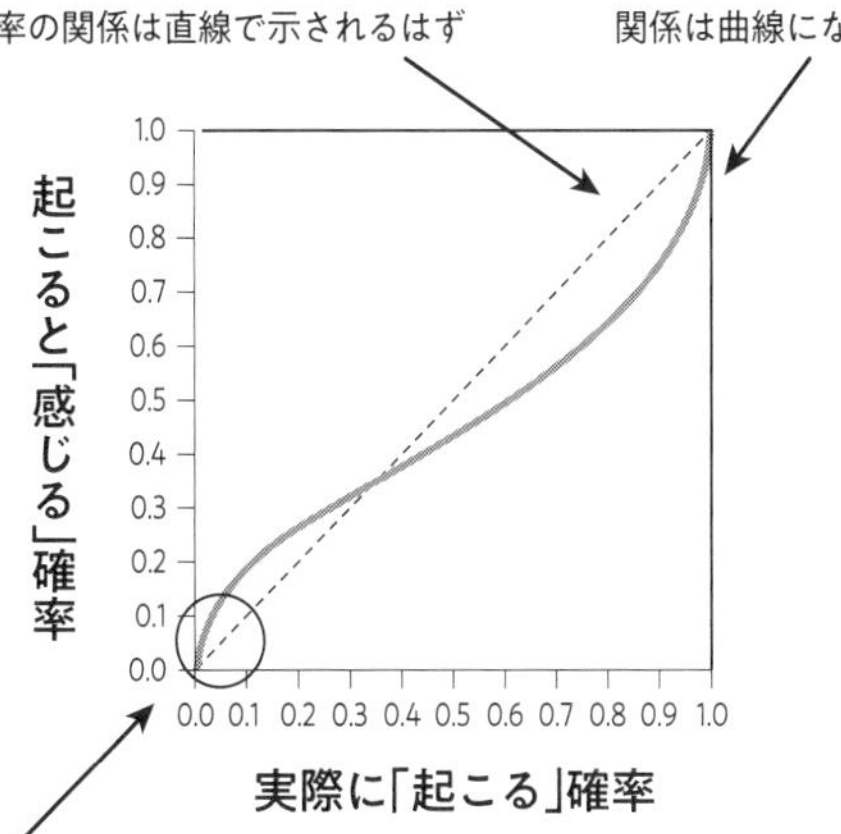

この図の横軸は「実際に起こる確率」で、縦軸は「起こると感じる確率」です。左下の隅はともに0％、右上はともに100％です。

このグラフが曲線になることからわかるように、「実際に起こる確率」と「起こると感じる確率」は一致しません。確率が100％に近いけれど、100％に至らない確率で起きることは、99・9999％といった高確率でも、その確率より低く感じます。

逆に、100％の確率は強く印象づけられます。100％と保証されると、その確実性が絶対的で揺るぎないものに感じられるのです。

一方、0％という確率は反対の印象を与えます。たとえば、0％に近い0・0001％の確率でも、その数値がゼロでないというだけで、実際よりも高い確率に感じます。「宝くじ」の当選確率が、実際に当たる確率よりも高く思えてしまうのは、この心理の影響なのです。

この「確実性効果」は、保険に入りたくなる心理にも影響します。

自動車保険などの損害保険では、契約時の限度額内であれば100％補償されます。払い込む保険料以上の負担は一切ありません。医療保険などでも、入院や手術に伴い、100％契約通りの保障があります。

一方、事故や病気などの確率が仮に０％に近いほど低い確率だとします。しかし、それが完全に０％でない限り、実際の数値以上に高い確率に思えるのです。

このように「確実性効果」の影響で、保険による１００％という確率が価値あるものに思えますし、加入せず、万一の事態を迎える不安は実際以上に高まります。こうして、無意識のうちに保険に加入したくなるのです。

なぜ保険という商品はわかりにくいのか？

ところが、現実に保険に加入する段階になると、難しさに直面します。簡単に保険を選んで加入するというわけにはいかないのです。

その原因は、保険という商品の特殊性です。自家用車、家具、衣料品、食料品など、一般的な商品の買い物とは異なります。これら消費財（個人や家庭で使うために購入するすべての製品やサービスのこと）と保険を比較してみましょう。

最も大きな違いは、保険が形のない商品である点です。ローンなど、ほかの金融商品と同じです。消費財は、形があり、手に持って重みを感じることができます。触って感触を確かめたり、色や形を目に焼きつけるなど、五感で商品を感じることも可能です。

一方、保険には形がありません。かつては保険証券や約款が、紙の形で手渡されていました。それが現在では、多くがデジタル化され、データでやり取りするようになっています。しかも、これらはそもそも保険という商品自体ではなく、契約の証明や、内容の説明にすぎません。

保険の買い手にとっての保険は、保険料を支払い、事故などの際に保険金の給付を受けるという無形のサービスです。**形ある物のやり取りがないため、買い手は、商品を買う実感を持ちにくいのです。**

さらに保険は、商品の内容理解が難しい商品です。完全に理解するには保険の約款をすべて把握する必要があります。しかし、文章が難解で分量も多いため、一般の人にはほぼ不可能でしょう。

また、消費財の場合であれば、商品が何でできているのか、見るだけである程度わかります。車ならば鉄やプラスチックなど、パンであれば小麦粉や酵母などです。

ところが、保険を作る素材は、お金を表す数字です。**保険は、保険料をいくら、どれだけの期間払えば、どのくらいの保険金を受け取れるのか、という数字の組合せでできています。**数字にも形はありませんし、組合せは複雑です。

ゆえに、保険という商品の特徴を明確に理解するのは、一般の人には難しいのです。当然ながら、会社ごとの保険商品の違いを見分けるのも困難です。こういう保険のわかりにくさが、買い手が保険を買うことの難しさにつながっています。

しかも、保険の難しさは、これらだけではありません。この商品の「ネガティブさ」が困難に輪をかけます。

あらためて、保険が価値を発揮するのはどんなときか、考えてみましょう。それは、自分や家族が亡くなったとき、病気やケガをしたとき、あるいは大切な住宅が火災にあったり、自動車事故にあったりしたときです。

保険は、こういった不幸な出来事に直面したときのための商品です。したがって、保険を検討する過程では、不幸な出来事について具体的に想像せざるを得ません。誰しも不幸や悲しみを思い描きたくありませんから、保険の検討に対して前向きになれないのです。

生命保険の比較的「いい買い方」とは？

もちろん、多くの人は、保険が万一への備えとして必要だと、理性では理解しているでしょう。しかし感情的には、考えたくない、検討を先送りしたい、といった心理状態に陥ります。保険は、加入したいと思っても、商品を理解し、検討することが難しい商品なのです。

では、保険の買い手は、どのような行動を取るべきでしょうか。

保険や金融に精通している人でなければ、商品理解が不十分なまま検討を進めることになります。目の前の保険がいいか悪いか、自分に合うかどうか、正確に判断できません。したがって、その保険会社が有名であるとか、商品名に聞き覚えがあるとか、とりあえず最初に目についたなど、非常に脆弱な根拠で保険を選んでしまいます。

さらに、加入した後も、ほとんど見直しません。通常の保険料支払いは自動引き落としでおこなわれるので、お金を払っている意識もないまま、延々と支払いを続けます。

この保険という商品の「いい買い方」とは、どのようなものでしょう。

まず、自動車保険などの損害保険は、人を介さないことでコストダウンを図る商品が増えています。サービス内容と費用についても比較しやすいため、ネットの比較サイトなどを利用して、自分で選んで加入することは可能です。

難しいのは生命保険です。死亡保険金の金額や受け取り方、保険料の支払い期間や金額、付帯する医療保障の選び方、貯蓄性の有無など、検討すべき項目が多く、かつ入り組んでいます。さらに、関連する金融全般の法律が頻繁に変わるため、つねに情報をアップデートしていなければ最善な選択はできません。

現実的に考えて、比較的「いい買い方」をあげるとすれば、人に頼ることです。知識があり、比較的公平な判断ができるプロの助けを得るのです。

金融のプロと言えば、独立して金融のアドバイスをおこなうフィナンシャルプランナーが思い浮かびます。ただし、費用がかかる点と、いいプランナーを見つける手段が少ない点がネックかもしれません。

最良のライフプランナーを見つけるために

ほかには、保険のアドバイスをしつつ営業をおこなう「ライフプランナー」を通じて、保険を選ぶ方法があります。彼らの多くは、従来型の保険会社における生保レディと違って、商品の売り込みに特化することなく、人生設計にもとづいたコンサルティングをおこなうと言われています。

一定レベルのライフプランナーであれば、加入者の家族構成や年齢、収入や貯蓄額などをふまえ、将来に必要と予測される金額などを算出できます。健康保険でカバーできる部分の補償をはぶいた設計をおこなうことも可能です。

また、保険会社の肩書が入った名刺を持つライフプランナーであっても、実態は個人事業主であり、個人の裁量で働くケースもあります。なかには、自社の商品がよくなければ、あえてすすめないという人もいます。

とはいえ、ライフプランナーすべてが、優良なパートナーになってくれるとは限りません。フィナンシャルプランナーを探す場合と同様に、いいプランナーを見つける確実な方法はないのです。

加入者の状況を理解して、最善のプランを提供するライフプランナーがいる一方で、自分の利益ばかり考える人もいるでしょう。アドバイスする能力があるとしても、必ずそれを使ってくれるとは限りません。

いいライフプランナーを探すために、人を見る目、自分に合うかどうかを判断する力は重要です。また、複数にコンタクトするなど、手間をかける必要があるかもしれません。難しいかもしれませんが、保険に関する考え方や人間同士の相性が合うことも重要です。

仮に、担当するライフプランナーが、どうしても合わない、いいと思えない場合、最後の手段として、その会社に相談するという方法もあります。合理的な理由があるならば、担当変更など、会社としての対応が期待できるかもしれません（会社の判断なので保証はできませんが）。

このように保険という商品は、買うのが難しいものです。**重要性は理解できますし、無意識に加入したくもなります。ところが、いざ入ろうとすると、商品の理解や選択が難しいことに気づきます。**

さらに、検討の過程で不幸な想像をせざるを得ず、ネガティブな気分になります。サポートを人に頼むこともできますが、そこでは人を見る目が必要になります。

しかしながら保険は、年間数十万円を何十年も払い続ける、非常に高い買い物です。いい買い物をするために、さまざまな負担があったとしても、その労力に見合うメリットは必ずあると考えていいでしょう。

損しないポイント

楽な方向へ逃げる買い物はＮＧ。保険はその典型例

ギャンブルも宝くじも大金を使うに値しない

多くの人がギャンブルや宝くじを見誤っている

ギャンブルは、参加するためにお金を支払って、さらにお金を増やそうとする試みです。そのために運を頼る、あるいは知識や技術を身につけるなどの行動をとります。

しかし、そうそう旨い話はないので、逆に大事なお金をなくしてしまうことも珍しくありません。それにもかかわらずやめられず、依存症に陥る人もいます。

一方、**ギャンブルを主催する側は、儲けるために、さまざまな手法を用いて、ギャンブルを始めさせ、続けさせようとします。**その手法が、通常の売り買いに流用される場合もあります。買い手の心理をコントロールし、お金を使ってしまうよう誘導するのです。

したがって、ギャンブルにまつわる人の心理を知っておくことは、いい買い物をするために有効です。

ギャンブルや宝くじにおいては、大半の人が散財してしまいます。しかし、初めから損をするつもりでやる人はいません。儲かるだろうと予測を立てて始めるはずです。それにもかかわらず失敗するのは「儲かる確率を見誤る」ためです。

「感情ヒューリスティック」「比率バイアス」の悪影響

その原因の一つに「感情ヒューリスティック」があります。

これは、物事の良し悪し、行動の選択、出現頻度や確率などの合理的に判断すべき事柄を、好き嫌いなどの感情で判断してしまう心理的バイアスです。

マサチューセッツ大学のシーモア・エプスタインらは、確率の判断におけるかたよりを明らかにする実験をおこないました。対象者は赤と白のジェリービーンズが入った容器から、なかを見ずに赤を選ぶ指示を受けます。

ただし、容器は二つあり、一つは１００個のジェリービーンズの中に10個の赤が入った「大きい」容器です。もう一つは10個のジェリービーンズの中に１個の赤が入った「小さい」

容器です。

当然ながら赤を選び出す確率は同じです。それにもかかわらず、多くの対象者が「大きい」容器を選びました。感情ヒューリスティックの影響によって、たくさん赤が入っている大きい容器のほうが当たりそうに感じたのです。

つまり、赤の数が多いことにより、それを選ぶ確率まで大きいと勘違いしたわけです。

このように、数字の多さによって、実際は低い確率を高く見誤る心理的バイアスを「比率バイアス」と呼ぶこともあります。もし宝くじを買う人が、感情ヒューリスティックや比率バイアスの影響を受けると何が起きるでしょう。当選本数だけを聞いて、勝手に高いかどうか判断して買うことになってしまうのです。

たとえば、2020年の年末ジャンボ宝くじで、1等の7億円は22本、2等の1000万円は88本、3等の100万円は880本でした。合計990本ですから、1000人近くが当選することになります。そんなに当たるなら、自分にも当たる可能性がある、と思ってしまうわけです。

しかし、本当に重要なのは販売数ではなく、当選の確率です。このとき発売された宝くじの総枚数は4億4000万枚でした。1〜3等があたる確率は990／4億4000万であり、計算すると０・０００２２５％という極小の数値になります。

このような数字を知ったうえで、当たると思えば、宝くじを買うのもいいでしょう。いずれにしろ、当選の本数だけで判断すべきではありません。

「確実性効果」がギャンブルや宝くじに走らせる？

感情ヒューリスティックは、これとは別の形でも確率の判断を狂わせます。

オレゴン大学のポール・スロヴィックらは、有用性と危険性の判断に関する実験をおこないました。まず対象者に、原子力発電、天然ガス、食品添加物などに関して、どの程度有用か、またどの程度危険かを評価してもらいます。

次に、対象者を二つに分けて、一方は有用性だけの資料を、もう一方は危険性だけの資料を読んでもらいました。その後にあらためて、評価し直してもらいます。

ここで有用性の資料を読んだ対象者は、前回以上に有用性が高いと評価しました。それはいいのですが、同時に危険性については「低い」という評価に変わったのです。**危険性に関する知識に変化はないのに、「有用」だと感じただけで「危険ではない」と思ってしまったわけです。**

もう一方の、危険性の資料だけを読んだ対象者の場合は、やはり「危険性は高い」と判断するにとどまらず、「有用性は低い」と評価しました。

この実験からわかることは、危険な事柄でも、そこに有用性があることを知ると、危険性の評価が甘くなるということです。この心理によって、ギャンブルや宝くじになんらかの有用性があるならば、危険性は低いと誤解してしまうことになります。

たとえば「ストレスを解消できる」「夢が買える」などの有用性があれば「大事なお金を失う」「依存症になる」などの危険性は少ないと考えてしまうのです。このように、危険性と有用性という別々のものを、関連づけ判断してしまうのも「感情ヒューリスティック」の影響です。

ここまでに紹介した感情ヒューリスティック以外にも「確実性効果」は、確率を見誤る原因となります。これは「100%の確率で絶対に何かが起こる」あるいは「起きる可能性は0%であり絶対に起きない」といった確実性に特別な価値を感じる心理です。

前項の保険に入りたくなる理由の中で、すでに紹介しました。100%補償されることにより確実性効果が働き、保険を魅力的に見せるという解説でした。

ギャンブルや宝くじにおいても、この心理は働きます。

たとえば０％よりわずかでも大きければ、それが０・００１％であっても、その数字以上に大きい確率に感じます。これによって宝くじが当たる小さい確率も、その実態以上に大きな可能性があるかのように勘違いしてしまうのです。

これら「感情ヒューリスティック」や「確実性効果」などの心理的バイアスの影響によって人は、ギャンブルや宝くじで儲かるだろうという誤った判断をするわけです。

「コントロール幻想」で自信過剰になってしまう

以上のような「確率を見誤る」誤解とは別に、「自分の力を過信してしまう」ことにより、ギャンブルや宝くじでお金を失うこともあります。たとえば「コントロール幻想」により自信過剰になって失敗するケースです。

コントロール幻想とは、自分の力ではコントロールできないものに対しても、自分が影響を与えることができると思い込むことです。現実的には、自分の力が及ばない事柄に対して、自分に都合のいい結果を引き起こせると錯覚するのです。この結果、ギャンブルや宝くじにおいて、客観的な意思決定ができなくなり、勝てると思い込んでしまいます。

ハーバード大学のエレン・ランガーは、これを証明する実験をおこないました。

対象者をA、B、Cの3グループに分け、30回のコイントスで表か裏か、各自で結果を予測します。このとき、実験の対象者にはわからないように、コイントスの結果を操作しました。

Aグループに対しては、最初の15回の答えが当たったと思わせ、Bグループには最後の15回が当たりで、Cグループには当たりがバラバラだったと思い込ませたのです。

すると、最初にいい結果を出したと信じるAグループのみ、自分の能力を過大評価しました。正解率は同じだったBとCのグループでは、このような勘違いをする人は少数でした。Aグループの対象者は、初めに当たりが続いたことにより、ある程度まで自力で結果を当てられると思い込んだのです。

コイントスのように結果が偶然に左右されるものであっても、自分の思い通りにできると思ってしまうのは、コントロール幻想の影響です。

この心理的バイアスの典型例は、ギャンブルや宝くじにおけるビギナーズラックです。初心者なのに、熟練者でも難しい勝利を手にするケースです。このようなとき、初心者の心理にコントロール幻想が働き、偶然の結果だという冷静な判断ができなくなります。**単に運がよかっただけなのに、成功が続くと勘違いしてしまうのです。**

2回目以降に期待が外れると、喪失感が蓄積していきます。これを払拭して、最初の不釣り合いな栄光を取り戻そうとします。その結果、余計にのめりこんでしまうのです。

競馬や競艇は「イケア効果」でハマりやすい

今までに、コントロール幻想に関する実験は数多くおこなわれています。

それらの結果から「自分で何かコントロールできる要素があるときに勘違いが起きやすい」ことが明らかにされています。何か自分で判断する部分や、関われる行動があると、それが結果に影響を及ぼさなくても、コントロール幻想が生まれやすくなるのです。

たとえば、当たりくじを数多く出している売り場から、宝くじを購入すると決めている人がいます。これも、一種のコントロール幻想の影響です。**当たりくじが多く出た売り場を選ぶという自分の判断にもとづいて行動したことにより、当たる確率が高まると考えてしまうのです。**

また「ロト7」は、1～37の数字の中から、異なる7個の数字を選ぶ数字選択式宝くじです。自分で数字を選ぶ余地があります。すると、コントロール幻想の影響を受けて、当たる確率が高いと思ってしまいます。

ギャンブルで勝率を高めようとして、自分が座る椅子の位置を決めておく、サイコロを振る前に息をかけるなど、自分なりのやり方で行動する人もいます。これらが役立つと思うのも、またコントロール幻想の影響です。

これらの事例からは「勝敗に自分の技術や判断が関わる余地がある」ギャンブルや宝くじほど、コントロール幻想による錯覚が強まることがわかります。競馬や競艇で馬やボートの選び方やレースの読み方がわかってくると、逆にハマる可能性があります。結果を自分でコントロールできるなどと勘違いしないよう、注意することが必要です。

人は、仕事や勉強などにおいても、自ら学び成長しようとします。当然、それはいいことです。しかし、この向上心が、ギャンブルや宝くじにおいて発揮されるとハマってしまう、という皮肉な結果につながります。

自分が実際に手をかけ、時間や労力を費やして完成させたものに対し、特別の愛着を感じ、高く評価するのが、前出のイケア効果です。ギャンブルや宝くじでも、イケア効果は働いてしまうのです。

世界的な家具販売会社のイケアは日本でも有名で、その特徴は、商品を持ち帰って自分で組み立てる点です。この「手作り」の要素によって、買い手は、単に家具を買うだけの場合よりも愛着を感じます。デューク大学のダン・アリエリーは、この心理的バイアスを「イケア効果」と呼んだのです。

ダン・アリエリーらは、イケア効果を実験で確かめています。

対象者を二つのグループに分け、一方のグループはイケアの箱を組み立て、もう一方は組み立てません。その後、両グループに、箱を手に入れるために払ってもよい金額を聞きます。すると前者は平均78セント、後者は平均48セントでした。自分で手をかけた物事に対して、人は愛着と高い価値を感じるのです。

人はパチンコにおいて、時間と労力を使って何度も通い、自分なりに工夫をして勝とうとします。その結果、身につけた知識や技術に対して、無意識に高い価値を感じます。その他のギャンブルでも、自分が関わることで愛着を抱くと、簡単にはやめられなくなります。

つまり、ギャンブルや宝くじに真面目に取り組むがゆえに、やめられなくなるのです。

「ツァイガルニク効果」でやめられなくなる

イケア効果による「やめようとしてもやめられない心理」を、さらに強めるのが「ツァイガルニク効果」です。これは、中途半端に終わった事柄に関する記憶ほど、残りやすくなる現象のことです。旧ソビエト連邦の心理学者ブリューマ・ツァイガルニクらが提唱しました。

身近な例を紹介しましょう。全15巻のコミックを読み始めて、14巻まで読み進めたときに、最後の15巻がないことに気づいたら、おさえられないほど読みたくなることでしょう。これは、ツァイガルニク効果の影響です。

また、テレビの連続ドラマで、放映されたストーリーが中途半端に終わることがあります。これは制作者側が、ツァイガルニク効果を積極的に使って「次回も続けて見たい」と思うように仕向けているのです。

これがギャンブルで働くとどうなるでしょう。勝ち続けて、もう面白くもなんともないといった状態にでもならない限り、ギャンブルに関して「すべてやり切った」という気もちにはならないでしょう。

当然ながら、そこまで勝ち続けられる人はほぼいません。普通は勝ったり負けたりを繰り返すものです。したがって、ギャンブルの勝負は延々と続きます。

その最中で「スクラッチの最後一つで、あの数字が出れば……」「あの馬が、鼻差分早くゴールしていれば……」など、わずかな差で負ける経験を繰り返します。中途半端な心理状態は続きます。

ここでツァイガルニク効果が働くので、適当なところでやめようという気にはなりません。きちんと達成して終わらせようと無意識に行動します。その結果ギャンブルを、ずるずると続けてしまうのです。

せっかく勝ってもムダになる「ハウスマネー効果」

ギャンブルや宝くじにおいては、さらにもう一つ大きな問題があります。すでに解説した「メンタル・アカウンティング」の影響です。これは、お金に関する判断を、狭いフレームの中で判断してしまうバイアスでした。

人は同じお金でも、入手の仕方や使い方、そのお金の名目などによって無意識に、使い方を変えてしまうのです。

この心理的バイアスを受けた行動に「ハウスマネー効果」というものがあります。**これは、運で得られたお金は、苦労して稼いだお金と異なり、ムダづかいされやすいというものです。**

「ハウス」とはカジノなどの賭博場を意味します。そこで使われるお金が「ハウスマネー」

です。この心理が働くと、仮にギャンブルや宝くじで勝ったとしても、それを自分のお金として大事にすることはできません。儲けることができても、結局は残らない可能性が高いのです。

このように考えていくと、ギャンブルや宝くじにお金を使うのは、ムダだということがわかります。いい買い物になる可能性は非常に低いのです。

もちろん、そういった場面で心理的に働くバイアスについて知ることは、ムダではありません。かといって、それを学ぶために、実際にギャンブルや宝くじをやって、高い授業料を払うことは避けたほうがいいでしょう。ぜひ、お気をつけください。

損しないポイント

ギャンブルも宝くじも、妄想や自信過剰でお金を失うだけ

おわりに

本書の執筆にあたっては、引用させていただいた著書や論文以外にも、数多くの行動経済学の知見を参考にいたしました。この分野の研究に勤しむ世界各国の研究者の方々に対しては、尊敬の念を抱き、また深く感謝しております。

一方、私自身は実務家として、マーケティングや広告の戦略や企画の立案に長年携わっております。対象となる物事のいい点を見つけ出し、最適な表現を考案する仕事をおこなってきました。本書を執筆するにあたって、その経験をもとに行動経済学のよさを引き出し、表現するよう努めました。

私は、学問が実社会において役立つことが非常に重要だと思っています。行動経済学には現実に活用されて、価値を発揮する知見が多くあります。

現在は、人や暮らし、ビジネス、国の政策など、行動経済学が役立つ場面は多様化してきました。私がご相談いただくケースも、販売促進のほか、営業推進、組織運営、採用面接など、さまざまです。

しかしながら、行動経済学のポテンシャルは想像以上に大きく、未だ十分に発揮されているとは言えません。それ以前に行動経済学を知らない人も多く、一般の人への浸透はまだまだ不十分だと感じます。

今後、行動経済学がさらに知られ、広く役立つように、微力ながら引き続き力を尽くしていきたいと思います。たとえば、行動経済学の法則がビジネスマンの雑談で、あるいは一般家庭のリビングでの日常会話の中で、自然に語られるようになるまで……。

さて本書は、私にとって7冊目の行動経済学に関する書籍です。

今回は日常業務でご一緒している企業や自治体など「売り手」の立場に立つのでなく、「買い手」となる一般生活者にとっての行動経済学の活用方法を、私なりに考えてみました。テーマとして掲げた「買い物」は、行動経済学の知見が最も活きるテーマだと考えます。このテーマを執筆できる機会をいただいた関係者の方々に感謝申し上げます。

また、本書に関するさまざまな助言や知識を与えてくださった友人や知人の皆様にも感謝いたします。ありがとうございました。

橋本之克

参考資料・書籍

第1章

《「気に入らなかったら返品無料」にだまされないで》

【参考書籍】

『予想どおりに不合理』ダン・アリエリー、熊谷淳子訳／早川書房

『ファスト&スロー（上）（下）』ダニエル・カーネマン、村井章子訳／早川書房

《即ポチとは「一瞬で買わされている」ということ》

【参考資料】

・パルス型消費
https://www.advertimes.com/20190702/article295060/

【参考書籍】

『Ｔａｐスマホで買ってしまう９つの理由』アニンディヤ・ゴーシュ、加藤万里子訳／日経ＢＰ

《有名人のおススメや食べログの星は信じていいの？》

【参考資料】

・WOMJガイドライン
https://www.womj.jp/85019.html

《メルカリで損しないため、楽しく使うために》

【参考資料】

・図「フリマアプリの利用状況に関するアンケート調査」
https://about.mercari.com/press/news/articles/20181119_trilliongmv/
調査主体：メルカリ、調査期間：２０１８年10月31日〜２０１８年11月１日、調査方法：インターネット調査、調査対象：フリマアプリ

による出品・購入の経験者18-59歳の男女４１２３人
・図「コロナ禍におけるビジネスパーソンの生活実態と副業に関する調査」（ＭＭＤ研究所×スマートアンサー、２０２０年）
https://mmdlabo.jp/investigation/detail_1883.html
・転売ヤーに関する報道「週刊東洋経済PLUS」
https://premium.toyokeizai.net/articles/-/26189
https://premium.toyokeizai.net/articles/-/26185
・転売ヤーに関する報道「IT media NEWS」
https://www.itmedia.co.jp/news/articles/2011/13/news129.html
・ノジマ　転売撲滅宣言
https://www.nojima.co.jp/support/koneta/66503/
【参考書籍】
『ずる』ダン・アリエリー、櫻井祐子訳／早川書房

第2章

《「ついでにこれも」ではもう買わない！》
【参考書籍】
『毎日使える、必ず役立つ心理学』サラ・トムリー、小田島恒志訳、小田島則子訳／河出書房新社

《「食べられないブドウ」は酸っぱいに違いない》
【参考書籍】
『行動ファイナンス入門』角田康夫／ＰＨＰ研究所

《衝動買いして結果的に得することはあるか？》
【参考資料】
・図「ビジネスパーソンの疲れとストレスに関する調査」（メディケア生命保険株式会社、２０１８年）

https://www.medicarelife.com/research/024/02/
実施日：２０１８年９月７日～２０１８年９月11日、対象者：一都三県（埼玉県、千葉県、東京都、神奈川県）・二府二県（京都府、大阪府、兵庫県、奈良県）在住の20歳～59歳のビジネスパーソン１０００名（男性５００名／女性５００名）

【参考書籍】
『第１感「最初の２秒」の「なんとなく」が正しい』マルコム・グラッドウェル、沢田博訳、阿部尚美訳／光文社

第３章

《選択肢を広げすぎるとわが首を絞める》

【参考書籍】
『選択しないという選択』キャス・サンスティーン、伊達尚美訳／勁草書房
『選択の科学』シーナ・アイエンガー、櫻井祐子訳／文藝春秋
『意思決定12の心得』田坂広志／ＰＨＰ研究所

《「仕掛けられた三択」で望まぬ買い物をしている》

【参考書籍】
『予想どおりに不合理』ダン・アリエリー、熊谷淳子訳／早川書房
『ウソはバレる』イタマール・サイモンソン、エマニュエル・ローゼン、千葉敏生訳／ダイヤモンド社

《生活必需品の買いだめは正しい？　正しくない？》

【参考書籍】
『ずる』ダン・アリエリー、櫻井祐子訳／早川書房

第４章

《それでも本当にマイホームが欲しいですか？》

【参考資料】

・住宅双六の国際比較
https://www.i-repository.net/contents/outemon/ir/604/604170310.pdf
・「住宅幸福論 Episode2」持ち家の新築効果
https://www.homes.co.jp/souken/report/201905/
・国土交通省 中古住宅流通促進・活用に関する研究会
https://www.mlit.go.jp/common/001002572.pdf

【参考書籍】

『老いる家 崩れる街』野澤千絵／講談社
『Livable City（住みやすい都市）をつくる』福岡孝則、遠藤秀平、槻橋修／マルモ出版
『多縁社会』篠原聡子、空間研究所、アサツー ディ・ケイ／東洋経済新報社

《「いつ、どんな物件を買えば得するか」を検討する》

【参考資料】

・国土交通省「住生活基本計画（全国計画）における成果指標等の現状について（資料5）」
https://www.mlit.go.jp/policy/shingikai/content/001361424.pdf
・国土交通省 住宅局「令和元年度 住宅市場動向調査 報告書 令和2年3月」住宅購入資金返済期間
https://www.mlit.go.jp/report/press/content/001348002.pdf
・内閣府「消費動向調査 令和3年3月実施調査結果」主要耐久消費財の買替え状況（2人以上の世帯）
https://www.esri.cao.go.jp/jp/stat/shouhi/honbun202103.pdf
・野村総合研究所「2040年の住宅市場と課題」今後の空き家率シミュレーション結果
https://www.nri.com/-/media/Corporate/jp/Files/PDF/knowledge/report/cc/mediaforum/2020/forum287.pdf?la=ja-JP&hash=C942A7B707A3E4C190816DCFAEBF8C7EF7891FAF

【参考書籍】

『激震！ コロナと不動産』（榊淳司／扶桑社）

《住宅ローンによる損失額を正しく把握する》

【参考資料】

・住宅金融支援機構「民間金融機関の住宅ローン金利推移（変動金利等）」
https://www.flat35.com/loan/atoz/06.html

・金融広報中央委員会「借入返済額シミュレーション」
https://www.shiruporuto.jp/public/check/funds/sikin/menu/s_kariire.html

《保険に入りすぎて節約できないのは「保険文脈」のせい》

【参考資料】

・生命保険世帯加入率の推移「平成30年度 生命保険に関する全国実態調査」
（公財）生命保険文化センター　https://www.jili.or.jp/press/2018/pdf/h30_zenkoku.pdf
実施日：平成30年4月5日〜6月3日、対象者：全国の世帯員2人以上の一般世帯（3983サンプル）

・世帯当たり1か月間の通信費の推移「総務省統計局　家計調査」
https://www.stat.go.jp/data/topics/topi1195.html
実施日：毎月、対象者：全国約9000世帯（2人以上の世帯）

《ギャンブルも宝くじも大金を使うに値しない》

【参考資料】

・宝くじ公式サイト
https://www.takarakuji-official.jp/news/recent/?newsId=201101

【参考書籍】

『お金に縁のある人、ない人の心理法則』内藤誼人／PHP研究所
『思考のトラップ』デイヴィッド・マクレイニー、安原和見訳／二見書房
『僕らはそれに抵抗できない』アダム・オルター、上原裕美子訳／ダイヤモンド社

橋本之克（はしもと・ゆきかつ）

マーケティング＆ブランディングディレクター、昭和女子大学現代ビジネス研究所研究員。東京工業大学工学部社会工学科卒業後、大手広告代理店を経て1995年、日本総合研究所入社。環境エネルギー分野を中心に、官民共同による研究事業組織コンソーシアムの組成運営、自治体や企業向けのコンサルティング業務をおこなう。1998年、アサツーディ・ケイ入社後、戦略プランナーとして金融・不動産・環境エネルギー業界等多様な業界で顧客獲得業務を実施。2019年、独立。現在は行動経済学を活用したマーケティングやブランディング戦略のコンサルタント、企業研修や講演の講師、著述家として活動中。著書に『9割の人間は行動経済学のカモである——非合理な心をつかみ、合理的に顧客を動かす』『9割の損は行動経済学でサケられる——非合理な行動を避け、幸福な人間に変わる』（ともに経済界）、『世界最前線の研究でわかる！ スゴい！ 行動経済学』（総合法令出版）、『モノは感情に売れ！』（PHP研究所）などがある。

【連絡先】hasimotoyukikatu@gmail.com

■装丁　大場君人

9割の買い物は不要である
行動経済学でわかる「得する人・損する人」

発行日　2021年　9月10日　　第1版第1刷

著　者　橋本　之克

発行者　斉藤　和邦
発行所　株式会社　秀和システム
〒135-0016
東京都江東区東陽2-4-2　新宮ビル2F
Tel 03-6264-3105（販売）Fax 03-6264-3094
印刷所　日経印刷株式会社　Printed in Japan

ISBN978-4-7980-6293-8 C0030